大众创业时代的合伙思维

Dazhong
Chuangye Shidai de
Hehuo Siwei

钱前◎著

中华工商联合出版社

图书在版编目（CIP）数据

大众创业时代的合伙思维／钱前著 . -- 北京：中
华工商联合出版社，2019.1
ISBN 978 - 7 - 5158 - 2441 - 3

Ⅰ . ①大… Ⅱ . ①钱… Ⅲ . ①①企业管理-创业-指南
Ⅳ . ①F272. 2-62

中国版本图书馆 CIP 数据核字（2018）第 289516 号

大众创业时代的合伙思维

作　　者：	钱　前
责任编辑：	吕　莺　董　婧
封面设计：	张　涛
责任审读：	李　征
责任印制：	迈致红
出版发行：	中华工商联合出版社有限责任公司
印　　刷：	河北飞鸿印刷有限公司
版　　次：	2019 年 5 月第 1 版
印　　次：	2022 年 4 月第 2 次印刷
开　　本：	710mm×1000mm　1/16
字　　数：	279 千字
印　　张：	15. 5
书　　号：	ISBN 978 - 7 - 5158 - 2441 - 3
定　　价：	45. 00 元

服务热线：010 - 58301130
销售热线：010 - 58302813
地址邮编：北京市西城区西环广场 A 座
　　　　　 19 - 20 层，100044
http：//www.chgslcbs.cn
E-mail：cicap1202@ sina.com（营销中心）
E-mail：gslzbs@ sina.com（总编室）

工商联版图书

版权所有　侵权必究

凡本社图书出现印装质量问
题，请与印务部联系。

联系电话：010 - 58302915

写在前面

要尝到合伙的"甜头"，
必须先做足自己的功课

"合伙"火热，何为"合伙"

合伙人在法学中是一个比较普通的概念，通常是指以其资产进行合伙投资，参与合伙经营，依协议享受权利，承担义务，并对企业债务承担无限(或有限)责任的自然人或法人。合伙人应具有民事权利能力和行为能力。在实际立法中，各国对于合伙人向合伙企业投资、参与合伙经营方面的要求，是大体相同的，而对于合伙人的自然身份、合伙人对企业债务承担责任的形式，以及民事行为能力的限定，则由于法系的不同和习惯上的差异而有所区别。在合伙人的身份方面，多数国家规定合伙人可以是自然人也可以是法人，即允许法人参与合伙；少数国家或地区则禁止法人参与合伙。在合伙人的行为能力方面，所有国家都禁止无行为能力人参与合伙，但对限制行为能力人参与合伙的问题，有的国家予以允许，有的则予以限制或禁止。

合伙的概念既可以从法律的角度给出，也可以从组织形态的角度给出。就法律的角度而言，合伙是指两个以上的民事主体共同出资、共同经营、共负盈亏的协议；就组织的角度而言，合伙是指两个以上的民事主体共同出资、共同经营、共负盈亏的企业组织形态。由此可知，无论是从法律角度还是从组织形态角度来定义合伙，都强调合伙的主要特征是共同出资、共同经营、共负盈亏、共担风险。

如果溯其源头，有学者认为，合伙的产生源于古罗马的家族共有制度。家长商人在死亡后，将其经营的商号、财产等遗留给其子女，子女若要分家析产，往往会由于经营能力欠缺而使整个家族的事业从此毁灭，因而，很多家长商人不将财产平分，往往以子女共有的形式继续对家族财产进行经营，维持原有的商号。这就是早期的古罗马法律上的合伙。除了家族共有制以外，合伙制的出现还有另外一个重要的原因，即独资企业随着生产力的发展已逐渐显示出其不足。独资企业由于结构简单，所以规模往往很小，在早期社会，人类在自然力面前还相当软弱的情况下，往往需要积聚起不多的财力和物力来对抗风险，合伙便成为两人或多人合作投资运营的首选形式。而且，从这种意义上来说，家族共有制的实质也是商人的子女们合作经营父辈留下的遗产。因此，合伙企业发端的根本原因，是适应生产力发展的要求。

合伙制是历史和生产力发展的必然产物，拥有灵活的组织形式，也也可演绎出形形色色的类型方式，大体而言，合伙可分为几种类型：

1. 商事合伙、民事合伙

我国实行的是民商合一的法律制度，所以没有所谓民事合伙与商事合伙的概念。

有些国家或地区，仍有比较清晰的区分。民事合伙是指设立与存在的基础是民法的合伙，商事合伙是指设立与存在的基础是商法的合伙。

具体而言，民事合伙，是指向社会提供专业服务，不以营利为目的的合伙。商事合伙是指从事生产经营、商品销售活动，以营利为目的的合伙。

民事合伙比较强调合伙人之间的权利义务关系，即将合伙视为当事人之间的一种合同关系；而商事合伙更加注重合伙人之间的集合性，将合伙视为合伙人之间基于合伙合同而成立的享有某种特定权利和承担相应义务的共同体。

2. 普通合伙、有限合伙

普通合伙与有限合伙的区分标准是合伙中是否存在负有限责任的合伙人。

普通合伙，是指所有合伙人对合伙债务均负无限连带责任的合伙，法律另有规定的除外。

有限合伙，是指至少由一名普通合伙人和一名负有限责任的合伙人组成的合伙。在有限合伙中，普通合伙人负责合伙的事务执行，并对合伙债务负无限责任；有限合伙人则不参与合伙的事务执行，对合伙债务仅以其出资额为限承担有限责任。

3. 一般普通合伙、特殊普通合伙

一般普通合伙，是指通常的普通合伙，即全体合伙人对合伙债务均负无限连带责任。

特殊普通合伙中，合伙人的责任根据其是否实施执业行为而有区别，因执业过错而造成合伙债务的合伙人承担无限责任或无限连带责任，其他合伙人则以其在合伙企业中的财产份额为限承担责任。

4. 显名合伙、隐名合伙

显名合伙与隐名合伙的区分标准是合伙中是否存在不公开合伙人姓名并不参与合伙事务执行的合伙人。

显名合伙，是指所有合伙人都公开身份和姓名，并参与合伙事务的执行。

隐名合伙，是指和合伙人中存在一个或一部分不公开姓名且不参与合伙事务执行的合伙人。隐名合伙是部分合伙人只出资而由其他合伙人经营的合伙，隐名合伙人在合伙内部关系中所承担的责任性质与其他合伙人一样，只是他并不为外人知晓，不直接对外承担责任。

我国目前针对合伙行为的法律规范，一是《民法通则》中有关个人合伙及法人联营的规定，二是《合伙企业法》中的规定。

按照《民法通则》第30条规定，合伙是"两个以上公民按照协议，各自提供资金、实物、技术等，合伙经营、共同劳动"。合伙经营、共同劳动的目的，当然是为获取收益。

《中华人民共和国合伙企业法》颁布于1997年2月，2006年8月进行了修改。本章内容主要是依据修订后的《合伙企业法》而撰写。

合伙企业的基本特征

除了了解合伙的概念和模式，还要清楚合伙企业的特征，因为现代企业制度下的合伙并非个人行为，而是一种法定意义上的契约行为，只有懂法、守法，大家在商业合作中才能做到公正、公开、透明，互利互惠，长期合作。下面就要简要介绍一下合伙企业的特征：

1. 合伙协议是合伙得以成立的法律基础

合伙企业是指由自然人、法人或其他组织设立的组织体，包括普通合伙企业和有限合伙企业两种类型。普通合伙企业的所有合伙人对合伙企业的债务都承担无限连带责任。有限合伙企业则包括普通合伙人和有限合伙人，前者对合伙企业债务承担无限连带责任，后者则只以其认缴的出资额为限对合伙企业债务承担责任。

如果说公司是以公司章程为成立基础，那么合伙就是以合伙协议为成立基础。但公司章程与合伙协议在性质上有很大的不同。公司章程是公司组织和行为的基本准则，是公司的"宪法"，具有公开效力，其功能主要是约束作为法人组织的公司本身。而合伙协议是处理合伙人相互之间的权利义务关系的内部法律文件，仅具有对内的效力，即只约束合伙人，合伙人之外的人如欲入伙，须经全体合伙人同意，并在合伙协议上签字。所以，合伙协议是调整合伙关系、规范合伙人相互间的权利义务、处理合伙纠纷的基本法律依据，也是合伙得以成立的法律基础，此即合伙的契约性。当然，合伙协议的订立方式既可以是书面协议，也可以是口头协议，但根据《合伙企业法》的规定，合伙企业的合伙协议应当采用书面形式。如果合伙人之间未订立书面形式的合伙协议，但事实上存在合伙人之间的权利义务关系，进行了事实上的合伙营业，仍然视为合伙。

2. 合伙须由全体合伙人共同出资、共同经营

（1）出资是合伙人的基本义务，也是其取得合伙人资格的前提。与公司不同的是，合伙出资的形式丰富多样、更灵活。公司股东一般只能以现金、实物、土地使用权和知识产权等四种方式出资，而合伙人除了可以上述四种方式出资外，还可以劳务、技术、管理经验、商誉甚至以不作为的方式出资，只要其他合伙人同意即可。

（2）合伙人共同经营是合伙不同于公司的又一特征。公司的股东不一定都参与公司的经营管理，甚至可能不从事公司的任何营业行为，而合伙人必须共同从事经营活动，以合伙为职业和谋生之本。若相互之间无共同经营之目的与行为，则纵使有某种利益上的关联，也非合伙。双方如约定一方为另一方设定担保，或基于约定由一方独立处理经营事务而另一方坐分利润、不参与经营，以上情形均非合伙。可以说，合伙人之间是风雨同舟、荣辱与共的关系，合伙的一些具体制度如竞业禁止等都是基于此而产生的。当然，有限合伙企业的情形有所不同，有限合伙人可以不参与合伙企业的营业，不执行合伙事务。

（3）合伙组织从事的行为一般是具有经济利益的营业行为。特别是依据《合伙企业法》成立的合伙企业，属于商事合伙的性质，从事营利性行为，是一种营利性组织。

3. 共负盈亏，共担风险，承担无限连带责任

这也是合伙与公司的主要区别之一。公司股东按其出资比例和所持股份分享公司利润，当公司资不抵债时，股东只以其出资额或所持股份为限对公司债务承担责任。合伙人则既可按出资比例分享合伙赢利，也可按合伙人约定的其他办法来分配合伙赢利，当合伙财产不足以清偿合伙债务时，合伙人还需以其他个人财产来清偿债务，即承担无限责任，而且任何一个合伙人都有义务清偿全部合伙债务（不管其出资比例如何），即承担连带责任。

合伙是一种古老的商业组织形态，随着商品经济的发展，合伙经营日益普遍，合伙形式也得到了新的突破，合伙的团体性质得到了增强。到了近现代，虽有公司这一营利性法人组织形式的出现，但合伙并未因此退出历史舞台，在现代市场经济条件下，合伙因其灵活的经营形式和较强的应变能力，普遍受到各国人们的重视，已成为现代联合经营所不可缺少的形式之一。

前　言

现今时代进入强强联合时期，单枪匹马闯天下的创业时代已经过去，合伙合作成为创业取得成功的便捷道路。合伙创业制让每一个企业成员成为企业的合伙人，每一个企业又是行业发展的合伙人。由于"互联网+"的兴起，企业与企业、团队与团队更多的都是合作关系，这些合伙关系有的形成了制度，有的没形成制度，但合伙让人有干劲儿，合伙让人与人之间更加信任，更加坚定和忠诚，而这样的关系对创业团队和创业企业都非常重要。

合伙打破了传统雇佣制，合伙思维有效地解决了企业在发展中遇到的资金、人、资源、创意等问题，合伙模式也因此得到诸多投资家的青睐。

本书就是从当今的时代背景出发，讲述了合伙思维的强大威力，讲述了合伙思维的优点和要点，强调合伙人制度注意的事项。书中还从合伙人制度落地等层面出发，分享了一些实施合伙人制度多年的成功企业的实践经验，希望本书能帮助读者了解和认识合伙人制度，让励志创业或者已经走上创业之路的创业者跟随成功者的脚步，更快地迈向成功。

目　录

合伙思维利于创业

交人交心，浇花浇根

如果我们想与人合伙创业，就先要找到诚实可信又有一定能力的合伙人，物色好了这样的人选，还要示之以诚心，才能得其真情，这样日后合伙才能众志成城，戮力同心。

俗话说交人交心，合伙创业不是表面上打得火热就行的。那些酒肉朋友就算表面上和你再热乎，也不是共同创业的可靠人选。人与人从互相了解到信任再到可以合作共事，这个过程短则一年半载，长则七八年，甚至几十年，那些刚认识三两天就"一拍即合"的合伙往往是利益上的关系，其基础是很脆弱的，甚至可能带来毁灭性损失。因此，我们要想与人合伙创业，必须认真挑选合作伙伴，建立一种经得起考验的合伙关系，切不可急于求成。

要想与人合伙并与之建立一种长久的良好互动关系，用心是必要条件，各怀心思是无法合伙并创业成功的。所以，如果你有志创业并想找个合适的合伙人，就要在平时多用心结交一些志同道合并且才华出众的朋友，待之以真情，交之以信义，纵然有些"投出去"的真心在短期之内不能得到回应，但是倘若你能坚持，只要经过一段时间的积累，相信你的真诚一定会打动他们，此时你再向他们提出创业设想，邀他们一起合伙创业，他们很可能会积极响应，而且因为互相了解，也不会心存隔阂，彼此沟通会比其他人更顺畅。更重要的是，如果创业发展顺利，你们可以分享成功的甜美果实，分配利益时大家也会彼此和和气气而不是斤斤计较，因为你们早已成为彼此交心的合伙人，而不只是为了利益聚集在一起的松散团体，这种向心的力量能够使大家彼此信任，让事业长久并蒸蒸日上。

当然，也有那种为了创业"临时抱佛脚"寻找合作伙伴的情况，不过这其中的风险是相当大的，对于你不了解的人或者熟人介绍来的朋友，就算你和盘托出自己的设想和计划，别人也未必与你一样坦诚相见。所以，创业时，与你看中的人选先建立良好的关系并倾心相交，以情感人，才能在你日后事业发展之路上有合适的人际资源供你挑选，这种方式还是比较稳妥的，否则仓促中"拉人"难免有所闪失。经济学上的"马太效应"非常适用于合伙创业，也就是说，你的"人脉"关系会充分体现"马太效应"。"马太效应"这一概念来自于下面这个故事：

一天，一个农场主要到很远的地方去采购种子和农药，临走之前，他把自己的三个仆人叫到自己的面前，分给他们每个人2000块银币，让他们自行支配，说回来后要看看他们这笔资金运用得怎样。

半年之后，这位农场主回来了，他把三位仆人叫到面前，问他们是怎样运用这些银币的。第一位仆人给了农场主 4000 块银币，他告诉农场主，自己在主人不在的这段时间里购买了一批货品，现在这批货品已经全部卖完，不仅可以归还主人的 2000 块银币，还为主人净赚了 2000 块银币。农场主听了很高兴，就把这 4000 块银币都给了第一个仆人，让第一位仆人替自己去远方买粮食。第二位仆人交给主人 3000 块银币，他告诉主人，自己在主人离开后，把这笔钱借给了一位商人周转资金，现在这位商人已经把钱归还，并给了 1000 块银币作为利息。农场主听完也很高兴，就把这 3000 块银币赏赐给了第二位仆人，让他替自己开钱庄做生意。第三位仆人则交给主人一个包裹，他告诉主人，在主人离开后，他把这笔钱包好埋在了农场中，现在原物归还给主人。农场主听后很生气，说："你不会让钱为你服务，你走吧。"

"马太效应"中这三位仆人手中的钱就像我们经营的人脉资源一样，在你准备创业、准备开展一个项目的时候，你也许是没有资金、没有设备、没有技术的，但这些都不要紧，只要你找到合适的合伙人，志同道合，日后共创大业并非难事。因为创业的前途需要值得信赖的合伙人共同谋划，创业过程中需要合伙人之间的互助和鼓励，就连最简单的日常生活中的小事，也需要大家心心相印，同舟共济。因此，如果没有交心的合伙人，创业前途中的风险和坎坷是无以平安应对的。

所以，如果你找到合适的合伙人，一定要拿出百分百的真心和诚意去播撒友情的种子，然后坦诚相见，倾心相交，这样，在不久的将来，你们才会共同创业，成为志同道合的合伙人，共享事业成功的喜悦。

宽以待人，吸引合伙人

不管是什么年代，什么社会，人才永远都是最重要的资源。俗话说人无完人，哪怕是再优秀的人才，也一定会有自己的不足之处。所以如果你想找到对你创业有帮助的合伙人，待人就不可求全责备。如果你锁定了你要寻找的合伙人，那么在合作的过程中，就不要嫌他脾气大、不要嫌他要求的待遇高……总之，如果你想争取到这个人才"入伙"，就要多看看他的优点，少关注他的缺点，只有这样，才能留住人才，助自己一臂之力，大家的合作才能长久。反之，如果你总是以自己的价值标准来衡量和挑剔别人，那么，你终其一生都很难找到你心目中完美的合伙人，最终时光飞逝，机会不再，创业、成功都只是一场梦想。

在宽以待人、吸引合伙人方面，近代传奇商人胡雪岩可以说做得很好。他总是善于识人之长并加以使用，而不计较他们身上的"小瑕疵"，这种识人用人的能力使他建立起了自己的商业帝国。例如，胡雪岩让老实忠厚、人缘极好的船主老张做自己丝行的老板，这是因为看重老张懂得丝茧的这门技术而不计较他的木讷。胡雪岩还把原本只是在钱庄站柜台的小伙计刘庆生找来作为自己阜康钱庄的账房，而不计较他的出身卑微，通过这种用人之长的策略，胡雪岩在自己的身边集聚了大批的人才，这也是后来胡雪岩能够成为富商巨贾的原因所在。

宽以待人、用人之长是很多商人取得成功的重要条件，管理者或领导者只有用宽广的胸怀来包容别人的缺点，才能得到众人的拥戴，也才能成就自己的辉煌人生。所以，要想成就大业，一定要以宽阔的胸怀集聚"各路人才"。

中国有句俗语叫"三个臭皮匠，赛过诸葛亮"。诸葛亮可以算得上是中国历史上最聪明的历史人物之一了，但"三个臭皮匠"就可以将诸葛亮比下去。这就说明一个人即使再聪明，能力也是有限的，永远不可能超过一群人的头脑。诸葛亮尚且能够被别人比下去，那么，作为平凡人的我们，是不是更不能单打独斗呢？所以说，欲成大器者，必先要聚集人才，只有人才聚齐了，才能开创事业。

古代中国有一句话叫作"得人心者得天下"，是说一个欲称王天下的人其实就是在寻求一群与自己志同道合的杰出人才来共谋大业。同样的道理，我们欲求事业成功，一定要把杰出人才吸引到自己的身边来，不管对方曾经是敌是友，只要这个人确实是个出类拔萃之士，就要把他争取过来为己所用，这才是优秀企业家的胸怀。翻开历史，我们可以看到，大凡能留名千古的英明君主，大多是那些能够宽以待人、惜才爱才的贤明之君。

春秋战国的时候，齐国国君驾崩，齐国公子小白准备回齐国继承王位，此时，小白的哥哥公子纠也准备回齐国继承王位。当时，辅佐公子纠的是管仲，管仲为了阻止公子小白进入齐国登基，就在小白回国的路上设下埋伏，准备刺杀公子小白。当时深陷管仲包围的公子小白被管仲射了一箭，幸运的是箭只是射到玉佩上，但由于情况很危急，公子小白昏死过去了。管仲以为公子小白已死，就放松了警惕。公子小白苏醒过来后，在其辅助人鲍叔牙的帮助下，星夜兼程赶回齐国登基继承王位，即齐桓公。而放松警惕的公子纠则在回齐国的路上听到自己弟弟继承王位的消息，惊呼命运不公。而继承了王位的小白即后来的齐桓公誓死要报管仲的一箭之仇，于是就命人将管仲抓了起来，关在狱中。

后来，齐桓公让鲍叔牙推荐人才帮助自己治国，鲍叔牙第一个就推了管仲。齐桓公听到后恼怒地对鲍叔牙说："我与他有一箭之仇，怎能让他帮助我治国！这等人倘若位居要职，说不定会造反呢！"

待齐桓公怒气消得差不多的时候，鲍叔牙说："管仲当时刺杀大王实乃忠心之举，一个能为自己的主人冒天下之大不韪的人，怎么可能背叛君王呢?"后来齐桓公经过细心考察发现,管仲确实有治国之才,于是齐桓公放下个人恩怨,任用管仲为齐国大夫。管仲果然不负桓公所托,帮助齐桓公成就了一番霸业,称雄诸侯。

齐桓公放下私人恩怨,量才任用,充分显示了齐桓公宽以待人的胸怀,也正是齐桓公的不计前嫌、宽容大度感动了管仲,使他一心为齐国谋发展,最终使齐桓公成为一代霸主。而在诸侯争战的三国时期,从各个国家的发展过程来分析,不难看出,大凡宽以待人之主,都能保自己一地平安。在这方面,曹操是做得最好的,这也是曹魏之所以强大的最重要原因。

在官渡之战前夕,没有人觉得曹操可以打败袁绍,因为袁绍作为十八路诸侯的盟主,不仅很有威信,而且经过多年的积累,有了丰厚的战备物资。而曹操作为一个刚刚兴起的"后起之秀",手中既没兵也没粮。所以大战之前,一些原本在曹操手下做幕僚的人都是人心惶惶,觉得自己投错了主人。其中有些人开始给袁绍写信,为自己以后的出路打算。然而,曹操取得了官渡之战的决定性胜利,奠定了自己诸侯王的地位,在士兵打扫袁绍大营的时候,曹操的手下缴获了一批袁绍未曾带走的书信,其中大多是曹操幕僚对袁绍的阿谀奉承希望投靠的话,还有一封信上面记载了所有和袁绍有过书信往来的曹军人员名单。当别人把这份名单递给曹操的时候,曹操看都没看,就命人把这份名单连同那些书信一起烧掉。当众人不解之时,曹操语重心长地告诉大家："当绍之强，孤亦不能自保，况他人乎？"曹操此举让那些原本担惊受怕的人把悬着的心重新放回到肚子里，从此这些人一心一意地辅佐曹操。同时，这件事在社会上被人们广泛颂扬，曹操也赢得了心胸宽广、爱才惜才的美名。此后，有大批的有才之士投奔曹操，而曹操也开始建设自己一个强大的王朝。

曹操不计前嫌，不仅留住了大批忠于自己的人才，使他们为自己王朝的兴盛贡献才智，也为自己留下了美名，可谓是一箭双雕的明智之举。而作为三国传奇人物的诸葛亮呢，虽然自己才智过人，但他后期对人苛刻，最终也没有保全蜀国，完成刘备一统天下的意愿。

诚信是合伙最主要的资本

有人问，合伙创业最重要的资本是什么？是资金，是技术，是人才，还是战略？这些虽然都很重要，但更重要的是合伙人的人品。

我国素有"一诺千金""君子重信，小人重利"之说，可见中国从古至今的传统文化中都把诚信提到了道义的高度。而要想在当今"大众创业、万众创新"的互联网时代成为一个有成就的创业者，提高个人综合能力固然是必不可少的，但最为重要的首先还是要具备诚信的品质，用自己的诚实和信誉吸引一批出类拔萃的尖端人才到自己的身边来，并且要让这些人才觉得你可靠、不存私心，把利益分配得公平合理透明，这样他们才不会心存顾虑，更不会闹纠纷，这样的团队才能有向心力，事业才能越做越好。

诚信不仅是人品的体现，更是责任的彰显，唯有诚信的人，才能得到别人的信任和尊重，与诚信的人合作，他人才能与你合作，这也是当前各行各业的创业者寻找合伙人的前提条件。

在商界，只有诚信，才能取信于客户，生意才能做起来并做大，企业才会赢得好口碑。虽然说商场如战场，少不了激烈的竞争和优胜劣汰，但对手之间的较量绝不是尔虞我诈，而是双方真正硬实力的比拼，而要做到企业成功，不仅产品为王，还要能面对竞争，当然更需要合作，因为合作就是壮大自己的实力，而寻找合作伙伴，最重要的就是要依赖自己的好口碑取信于人。

企业经营者一旦不讲诚信，妄图以假冒伪劣商品或其他欺骗行为瞒天过海、欺骗消费者，不但难逃法网，还会把自己及企业长期苦心经营的品牌毁于一旦。

2001 年 9 月 3 日中午，就在中秋月饼旺销季节即将来临之时，中央电视台《新闻 30 分》节目对南京"冠生园"将一年前的陈馅翻炒后再制成月饼出售一事进行了曝光，结果此事迅速演变为全社会关注的"南京冠生园陈馅事件"。

月饼作为一种传统食品，在中国人心中有着很重要的地位，中秋节前发生这样的事件，很自然地就成为全社会关注的焦点。但令人意想不到的是，当事企业南京"冠生园"对此竟然无动于衷，除了冷冰冰地表示"月饼回收利用是一种普遍现象"之外，并没有采取任何危机公关措施，还拒绝媒体的采访。此举致使全国媒体群情激愤，合力对这一事件进行了跟踪报道。

此事曝光力度之大，报道数量之多，在中国新闻史上也是不多见的，仅新浪网推出的"冠生园月饼事件"专题，就收集了150多篇报道。从此，南京"冠生园"犹如过街老鼠，人人喊打，再也没有商家愿意与它合作。许多"冠生园"曾经的经销商为撇清干系，纷纷打出广告："本店没有'冠生园'的月饼""本店不售'冠生园'的月饼""本店原先进的冠生园月饼已经全部退货"……

2001年的中秋，不仅南京"冠生园"的月饼卖不出去，其他与南京"冠生园"无关的各地"冠生园"也深受牵连，甚至全国的"冠生园"月饼都被经销商下架。到2001年10月15日，"倒了"整个月饼市场胃口的南京"冠生园"停工，外方董事决定解散公司。到2002年3月，这家2001年月饼销售额还高达2500万元、有着80多年历史的老企业正式宣告破产。

时至今日，这家企业破产的案例仍被很多经管人士作为反面教材到处宣讲，以此强调诚信在现代市场机制中的巨大力量，企业不讲诚信的后果往往会被市场无限放大，所以"冠生园"因为"月饼事件"出局也在所难免，这种警示作用是值得人们深思的。

在创业过程中，创业者所做出的每个决定都关系到企业的生死存亡，关系到企业发展壮大，不管是赢利还是亏损，不管是面对合作伙伴还是员工，都要秉持心诚做人、谨慎做事的原则，以免"一失足成千古恨"。商业史上太多鲜活的例子告诉我们，在企业经营中，往往就是因为不诚信，导致合伙人反目、全盘皆输的局面。市场经济在不断发展，人们的法律意识和维权意识也在不断提高，因此，在如今这个诚信和细节决定着成败的社会中，要想获得成功和长远的发展，坚守诚信才是王道。诚信是一种无形的力量，也是一种无形的财富。

创业者应该把拥有诚信的品格作为人生的最高目标之一。诚信就是一个人在任何时候、任何情况下，无论和什么人在一起、面对什么样的诱惑和纷争，都必须做到言行一致，坚守自己的信仰及价值观，坦坦荡荡，不因为私利而弄虚作假，不因为贪婪而损人利己。因为一个人如果不诚信，虽然可能获得短期利益，然而，"把戏"一旦被揭穿，最终将失去一切——事业失败，人也会背上"骗子"的骂名抬不起头来。

众人拾柴火焰高

如果你要创业，仅靠自己埋头苦干，最终成就事业几乎是不可能的。因为你的力量是有限的，仅靠你自己的资源，能挖到的优秀人才很有限，取得的客户也有限，而且就算你小有业绩，靠自己，你能开多少分店或分公司？你能把公司管理做到什么水准？所以，一个人的力量是有限的，只有让员工认为自己是公司的"合伙人"，众人拾柴火焰才能高。

现今的一些大企业都采用了合伙制，如阿里巴巴的合伙制独树一帜，华为共创共享的企业文化让其成为人才的聚集地，苹果公司也是合伙人制，该公司在手机和电脑领域创造了让世界惊奇的成绩，而Facebook 创始合伙人的投资盈利成数亿级增长……也许你会说，这些都是世界知名大企业，有基础，有资源，成功可以说是必然的。但是，市场中的很多小企业的合伙制也丝毫不逊色，它们大多是利用合伙制实现了超乎寻常的创收。

戴夫·帕卡德，1912 年出生于美国科罗拉多州的普韦布洛。1936 年与比尔·休利特一起创立了休利特——帕卡德公司，即惠普公司。他们当时工作的车库被确立为硅谷发祥地的纪念标志。惠普公司经过几十年的发展，成为生产计算机与电子产品的国际性大公司。1988 年在美国《幸福》杂志 500 家大公司排行榜中，惠普公司名列第 49 位。1994 年惠普销售额高达 250 亿美元，员工共计 98400 人，属世界第三大电脑公司。帕卡德曾于 1969 年被任命为美国国防部副部长。

戴夫·帕卡德年轻时酷爱体育运动，体育教练曾经对他讲："两个争夺冠军的球队，其水平旗鼓相当，在这种情况下，默契配合极为重要，特别是在那些瞬息万变的比赛中。"这个道理似乎谁都懂，但是只有在运动场上真正实践过的人才会真正理解这一原则是多么的重要。

帕卡德把教练说过的话铭记在心，他在工作、生活中真诚待人，合伙经营公司时努力去促成人与人之间的互相信任、互相关心和密切配合，合伙经营成为他经营管理思想的重要特征。

惠普公司成立几年后，第二次世界大战结束了。惠普公司在战争期间发展迅速，最终成为拥有 200 万美元资产和 200 名工人的大公司。但是，危机悄然来临。

战争一结束，许多军事项目迅速停建，电子设备在军用市场上的总销售量迅速下降，由军事工业带动的民用品市场也迅速萎缩，惠普公司的业绩一落千丈。

面对市场的衰退，帕卡德不得不辞退了100多个工人。看到许多一起创业的朋友马上就要沦为失业者，帕卡德的心都碎了。他深深地懂得失业对工人来说意味着什么——生活水平的迅速下降和自尊心的巨大伤害。看着工人们陆续地默默离去，帕卡德心中发誓：一定要渡过难关，让公司发展起来，把这些工人重新请回惠普公司。

这次解雇工人给帕卡德留下了终生难忘的印象。以后，惠普公司即使在最困难的时候也坚持不辞退员工的原则，这在硅谷一带的公司中绝无仅有。

随着美国新一轮经济周期的展开，惠普公司又恢复了往日的辉煌。公司又将辞退的员工请了回来。到20世纪40年代末，惠普公司资产已接近千万大关，成了硅谷中的明星企业。

1959年，正当惠普公司在帕卡德的领导下蒸蒸日上时，他注意到公司员工的热情似乎不高，这是为什么呢？帕卡德有些迷惑不解。惠普公司的股票自1957年公开上市以来，股价节节攀升，成为华尔街的"宠儿"，难道在这样的公司工作还有什么怨言吗？

当帕卡德委婉地问公司一名检测人员时，这位员工告诉他："是的，我为在这样一个大公司工作感到自豪。但是，作为一名员工，我却并没有感到自己是企业的主人。工薪的确在上升，但老板仍是老板，伙计还是伙计。"

听了这一席话，帕卡德陷入了深思。是的，应该让员工们都成为公司的合伙人，这样工作起来才会齐心协力，才能把公司搞好。

第二天，帕卡德在公司组织的记者招待会上正式宣布，惠普公司为调动员工的积极性，为把公司发展的巨大利益也分配到辛勤工作的员工那里，将推行员工持股计划，这就是后来风靡美国的 ESOP（员工持股计划）。

帕尔德把公司股票分阶段按工作时间分给员工。员工成为公司合伙人后，精神面貌焕然一新，惠普公司销售、生产各方面均呈现出一片欣欣向荣的气象。

惠普公司这种以人为本的宗旨源远流长，并不断改进，后来经修订后印发给员工："组织之成就乃每位同仁共同努力之结果……本公司之全体同仁均需为干练而富创新精神者……其次，本公司必须具备足以激发各级同仁激情之目标与领导。本公司不应采用严密之军事型组织方式……而应赋予全体职工以充分自由，以使每人按其本人认为最有利的方式完成各人本职工作，使其对达成本公司之总体目标做出各自之贡献……"

惠普公司对员工的信任，在其"开放实验室备品库"的政策里表现得最为明显。实验室备品库就是存放电器和机械零件的地方。"开放政策"就是说工程师们不但在工作中可以随意取用，而且还可以拿回自己家里去供个人使用！这是因为惠普公司认为，不管工程师们拿这些设备所做的事是不是跟他们手头所从事的工作项目有关，反正他们无论是在工作岗位上还是在家里摆弄这些玩意总是能学到一些东西的，这种做法实际是一种鼓励员工创新的方法。据说比尔·休利特有一次在周末到一家分厂去视察，看到实验室备品库门上了锁。他马上到维修组去，拿来一柄螺栓切割剪，把备品库门上的锁剪断、扔掉。星期一早上，人们见到他留在门上的一张条子，上面写着："请勿再锁此门。谢谢。比尔。"

总之，不管你走到惠普的哪个地方，你都会看到人们在谈论着产品的质量，每个人都对自己的部门在这方面所取得的成就感到自豪，惠普的各级员工上班时表现出无穷无尽的干劲和热情。

可见，一个人之所以愿为他的组织"卖力"工作，最主要的原因是领导者能够赢得员工的尊重和信任，能够得到大家的支持。

合伙需要保障机制

如果你已经找到了理想的合伙人，大家想在一起创业谋发展，首先需要彼此信任，有效沟通。如果彼此的目标相同，能够互相信任，并且能把自己的想法有效传达给合伙者，沟通就会比较顺畅，而接下来的创业和发展也会顺畅许多，即便创业中遇到再大的风浪也能商量着共同想办法解决；因为大家志同道合，而在沟通中磕磕绊绊，甚至话不投机，心气不顺，那多半是还没创业就分手了。所以说，信任和沟通是合伙创业的基础，大小企业均遵循这样的铁律。

生活中千人千面，而很多人存在着"保护色"，因此，百分之百的信任与沟通是一件很难的事情。我们来看看下面的这个故事：

在一个古老的王国里，美丽的公主爱上了英俊善良的青年侍卫。国王发现了他们之间的恋情，暴怒之下将青年关进了监狱，并让他面对观众在竞技场里的两扇门之间做出选择：一扇门里面是一头凶猛饥饿的狮子，打开门后青年会被吃掉；另一扇门里面是年轻美丽的少女，打开门后整个王国将会为青年与少女举办盛大的婚礼。在抉择的前一天晚上，公主偷偷去监狱探望了青年。青年并不知道哪扇门后面是狮子，哪扇门后面是少女，而公主也只是到了竞技场才能探知到底细。当青年被带到竞技场时，他看到看台上的公主用眼神示意了其中的一道门，公主的眼神虽然矛盾复杂，然而却充满了爱意。那么，青年要选择走向哪扇门呢？

公主与青年是相爱的，也是相互信任的，如果他们共同选择爱情，以死来抗争，公主会示意藏着狮子的那扇门，青年会毫不迟疑地去打开，葬身狮腹，公主也会以身殉情，以悲剧成就世上一段忠贞的爱情。然而，当青年选择以死抗争时，公主又希望青年能活下来，而这样的结果会使他们都陷入了两难的境地。青年会极不情愿地去与少女结婚，而公主只能看着心爱的人与别人结合，从而演绎出一幕生离死别的爱情悲剧。

既然如此，回归我们本节的主题，在合伙企业中，什么会妨碍沟通呢？通常的观点认为，权力会妨碍信任，而彼此间的不信任会阻碍沟通。团队工作中，合伙者经常会陷入两难的境地。如果合伙者各怀心思，彼此不能完全信任，当然就无法保证有效沟通，导致不能及时发现并解决问题。因此，当信任缺乏有效的体制保障时，不可能产生真正的有效沟通，而要达到完全信任，必须有体制保障。

那么，是否只要完全信任就能够真正达成有效沟通呢？青年与公主的故事给出了否定的回答。这个故事告诉我们，当双方选择相同、目标一致时，信任与沟通是保持一致的；而当双方目标不一致时，信任并不一定能带来有效沟通，并且沟通的结果反而可能招致不信任的产生。当然，如果人没有信任，根本就无法建立有效沟通。

所以，要想在信任基础上建立良好的沟通，首先要保证目标或利益取向一致，然后随着沟通的增加，彼此的信任程度也会上升，这样，沟通就会变得越来越有效。但当目标或取向不一致时，彼此实际上根本无法产生有效的沟通与信任。因此，合伙人之间必须保持目标或利益取向一致，当然最重要的还是要在团队内部建立有效的保障机制。而有效沟通也会不断修正合伙人之间的目标或利益取向偏差，让大家充分理解并适应机制。

所以，沟通不仅是一门艺术，也是一门科学。现实中，因为沟通不畅而导致企业败局的案例比比皆是。因此，要想在团队里实现有效沟通，不能仅仅靠信任，而必须建立有效机制。

合伙创业才能让企业做大做强

对一个员工参股的现代企业来说，公司内部的沟通非常重要，因为沟通顺畅与否往往会关系到公司的发展成败，如果沟通有碍，会让矛盾越来越大，最后爆发。所以建立有效的沟通机制尤为重要，因为沟通有效能凝聚人心，最大限度地发挥全员的活力和创造力，给企业带来更好的发展。

完善的沟通制度和保障制度能极大地提高劳动生产率，如迪特尼·包威斯公司，是一家拥有 12 万余名员工的大公司，该公司早在几十年前就认识到沟通的重要性，并不断地加以实践。现在，公司的"员工意见沟通系统"已经相当成熟和完善。特别是到了 20 世纪 80 年代，面临全球性的经济不景气时，这一系统对提高公司整体劳动生产率发挥了巨大的作用。

公司的"员工意见沟通系统"是建立在这样一个基本原则之上的：

凡是购买了迪特尼公司股票的个人或机构，都有权知道公司的完整财务资料，并得到有关资料的定期报告。凡是本公司的员工，也有权知道并得到这些财务资料和一些更详尽的管理资料。迪特尼公司的"员工意见沟通系统"主要分为两个部分：一是每月举行的员工协调会议，二是每年举办的主管汇报和员工大会。

①员工协调会议。早在几十年前，迪特尼·包威斯公司就开始试行员工协调会议，员工协调会议是每月举行一次的公开讨论会。在会议中，管理人员和员工共聚一堂，商讨一些彼此关心的问题。公司中总部、各部门、各基层组织都举行协调会议。这看起来有些像法院结构，从地方到中央，将问题逐层反映上去，最终公司总部的首席代表协调会议为最高机构。

员工协调会议是标准的双向意见沟通系统。在开会之前，员工可事先将建议或问题反映给参与会议的员工代表，代表们则在协调会议上把意见转达给管理部门，管理部门也可以利用这个机会，将公司政策和计划讲解给代表们听，相互之间进行广泛的讨论。

要将迪特尼公司的12万名员工的意见充分沟通，就必须将协调会议分成若干层次。实际上，公司内部共有90多个类似的组织。如果有些问题在基层协调会议上不能解决，就会被逐级反映上去，直到有满意的答复为止。如果此事事关公司的总政策，那更是一定要在首席代表会议上才能决定。如果总部高级管理人员认为意见可行，就会立即采取行动；如果认为意见不可行，也会把不可行的理由向大家解释。员工协调会议的开会时间没有硬性规定，一般都是提前一周在布告牌上通知。而为保证员工意见能迅速逐级反映上去，基层员工协调会议会先召开。

同时，迪特尼公司也鼓励员工们参与另一种形式的意见沟通。公司在很多地方安装了意见箱，员工可以随时将自己的问题或意见投到意见箱里。为了配合这一计划实行，公司还特别制定了一项奖励规定：凡是员工意见经采纳后产生了显著效果的，公司将给予优厚的奖励。令公司鼓舞的是，从这些意见箱里公司获得了许多宝贵的建议。

如果员工对这种间接的意见沟通方式仍不满意，还可以面对面地和管理人员交换意见。

②主管汇报。对员工来说，迪特尼公司的主管汇报、员工大会，和每年的股东大会性质都类似。公司中每个员工都可以收到一份详细的公司年终报告。这份报告有20多页，包括公司发展情况财务报表分析、员工福利改善、公司面临的挑战以及对协调会议所提出的主要问题的解答等。公司各部门接到报告后，就开始召开员工大会。

③员工大会。员工大会是利用上班时间召开的，每次人数不超过250人，时间约3小时，大多在规模比较大的部门里召开，由总公司委派代表主持会议，各部门负责人参加。会议先由主席报告公司的财务状况和员工的薪金、福利、分红等与员工有切身关系的问题，然后

便开始问答式的讨论。员工大会不同于员工协调会议，会上提出来的问题一定要具有一般性、客观性，对于这些问题，总公司代表尽可能予以迅速解答。

迪特尼公司每年在总部都要先后举行十余次的员工大会，在各部门举行一百多次的员工大会。

那么，迪特尼公司的"员工意见沟通系统"的效果究竟如何呢？

在20世纪80年代的全球经济衰退中，迪特尼公司的生产率平均每年以10%以上的速度递增。公司员工的缺勤率低于3%，流动率低于12%，是同行业最低的。

或许有人会问：既然"员工意见沟通系统"的效果如此显著，为什么至今采用的公司不多呢？

答案很简单：这一计划对管理人员来讲是一件很费时费力的工作，而且不是短期内可以奏效的。如果管理者眼光短浅，宁愿以较低的生产率和较高的员工缺勤率、流动率来勉强维护公司的运转，而不愿大刀阔斧地进行改革，以解决公司的根本问题，实际上是自己给自己设置障碍。那么，现代企业究竟应该如何建立有效的沟通制度呢？

首先，管理制度必须是"透明"的。要知道，合伙企业中的每个员工都是企业的主人，有权利知道公司的经营状况，知道高层在干什么。而现代公司绝不是某个人或某个团队追求私利的工具，公司的使命是为在公司工作的每个员工带来身心幸福，同时也是为人类、为社会的发展做出贡献。

当然，高层管理者必须身先士卒，为经营公司付出最大努力。同时采用透明的经营管理方式，要求员工严于律己，所作所为必须是光明正大的。

高层管理者在考虑什么、有什么目标和经营方针、现在公司处于怎样的状况、必须要做些什么等信息必须及时正确地传达给员工，这样，全体员工对于公司及集团整体的经营方针、具体经营目标以及具体实施措施就可以正确及时理解，明确自己及部门的任务。

稻盛和夫创办的日本著名企业京瓷每年两次召集集团分布在世界各地的经理，开国际经营会议，在这个会议上，由世界各地区和各领域的代表发表意见并讨论其公司计划、实绩和今后方针，而所有管理人员聚在一起，倾听所有部门代表的发言，整体了解京瓷集团的状况，并为集团整体的运行设计更高的方针和任务。

而在京瓷公司内部，每个月月初都会在早会上公布上个月各部门的详细实绩。员工们则很快知道自己及其他部门的情况，以数字形式得知全公司各工厂、各部门的详细财务状况。

京瓷尽力把尽可能多的经营信息传达给员工，以便让员工知道公司整体情况、努力的方向和目标还有遇到的困难和问题，这对提高公司士气、凝聚员工的力量、明确公司的前进方向都是不可或缺的。

员工的力量凝聚起来，就会变成公司的力量，不能凝聚员工的力量，就不能达成目标，不能克服困难。而要想凝聚员工的力量，有效"沟通"及公开情况十分重要。

『单打独斗』难成大事，
共创共享大势所趋

协同一体，共享利益

如今很多合伙企业都在发展壮大，但在此过程中，也都面临一定的困境，特别是融资和人才的问题。那么，如何才能筹集企业发展所需要的大量资金？如何才能吸引更多的优秀人才成为自己的合伙人？

中国古人有一句话："独乐乐不如众乐乐。"美国沃尔玛公司总裁萨姆·沃尔顿也曾说过："如果要将沃尔玛管理体制浓缩成一个词，那就是'分享'，因为它是我们成功的关键之一。"分享是合伙思维的精髓，现代全球化和一体化的趋势也显示出合伙思维的强大生命力和优越性。

沃尔玛公司是最早实行员工参股的全球大型连锁超市，其总部设在美国阿肯色州本顿维尔市，公司的行政管理人员每周花费大量时间飞往各地的商店，通报公司所有业务情况，让所有员工共同掌握沃尔玛公司的业务指标。同时，在任何一个沃尔玛商店里，都会定时公布该店的利润、进货、销售和减价的情况，并且不只是向经理及其助理们公布，也向每个员工、计时工和兼职雇员公布各种信息，鼓励他们争取更好的业绩。沃尔玛的这种管理理念恰恰是我国传统文化提倡的"独乐乐不如众乐乐"的最好体现。

然而，很多固守老观念、坚持老板一人高高在上的"集权"企业却恰恰输在了不能分享、"单打独斗"上。在互联网时代，如果管理者认为自己是高高在上的"老板"，那注定只能是单打独斗、孤帆前进；如果管理者能让员工等合伙人和企业站在同一条战线上，那企业就会充满了无限的活力和力量；而且，如果企业没有人能与管理者风雨同舟、结伴前行，即使资金再雄厚，也只能成为"孤家寡人"，谈不上成就一番大事业。

在传统雇佣体制下，除了老板都是员工，员工为老板打工，努力拼搏是为了薪水，"听从指挥"也是为了薪水，很多员工认为企业赚钱了是老板的，企业赔钱了也应由老板担着，员工大不了自己再去找一份工作。在这样的体制下，不懂分享的老板怎么能让员工有激情去工作？老板如果只顾自己赚钱，如何能把企业做大做强？员工不可能与企业同呼吸共命运。

某企业是国内一家生产消毒液的知名企业，在"非典"之前，就面临着市场需求与企业生产能力不足的矛盾，后来有员工提议找"外援"、吸引投资，以便弥补资金缺口、化解投资风险，但该企业老板却觉得自己辛苦打拼了这么多年，眼前正是赚钱的大好时机，如果让合伙人加入进来，就会分走一部分企业利润，同时他还担心他无法控制合作伙伴，所以，他对"合伙"的建议嗤之以鼻。后来，"非典"疫情突发，消毒液市场急剧扩大，面对大好的商机，这家企业却没有足够的生产力，终于在竞争中失势了，再往后，竟被竞争对手逐渐挤垮而退出了市场。

案例中的企业老板没有意识到合伙的重要性，他头脑中缺乏考虑实际情况的意识，又贪图眼前一点利益，没有长远眼光，以为单打独斗"吃独食"会让企业发展，但他没想打他的做法阻碍了企业的发展。而很多有眼光、有抱负的企业家，他们的成功之处就在于能适应新的市场，并重视合作伙伴，鼓励员工成为合伙人，从而将企业发展壮大。

小米科技有限责任公司董事长兼首席执行官、北京金山软件有限公司董事长雷军曾向万科总裁郁亮提出一个问题："你们的房子价格能不能降一半？"这个犀利的问题让郁亮感到紧张，同时也让他因互联网时代的影响而产生焦虑。郁亮担心在互联网时代，房地产行业会出现类似"小米"一样的"搅局者"，担心互联网思维会打乱旧的行业秩序，甚至会取代以万科为代表的行业模式（当时万科仍旧是职业经理人模式）。

为此，万科组织了名为"之间"的高管游访项目，从 2013 年 10 月到 2014 年 2 月，郁亮先后带领万科高管奔赴阿里巴巴、腾讯、海尔、小米等公司取经，随着学习的深入，万科高管对互联网思维有了新的认识。万科的"事业合伙人"制度开始萌芽，并不断发展完善。万科通过分享机制、管理机制和发展机制突破了职业经理人的瓶颈，引入"合伙人"制度和员工股权激励机制，并不断寻求新的战略合作伙伴，充分发挥了"合伙"的最大集成效应，牢牢掌握住自己的命运，并且让发展之路越走越顺。

互联网时代，科技的发展达到了前所未有的高度，各行各业的市场竞争也是空前激烈，无论是新的创业者还是已经拥有一定影响力的传统企业，都不得不"抱团取暖"，这就是共创共享时代的特质，因此，企业必须以"众乐乐"的合伙思维协同发展，因为只有具有合作精神的企业才能更好地迎接未来。

信息共享更能体现合伙思维

据统计数据显示，现今每年有超过1.2万家公司创立，同时却又有三分之二的企业倒闭。很多企业逃不脱"各领风骚三五年"的宿命，我们也经常能听到和看到太多的关于企业崛起后又衰落、重振后又倒闭的故事。而那些当前在行业中仍叱咤风云的企业，比如华为，比如苹果，比如联想，它们之所以能够击败对手，靠的都是企业与员工同心同德，上下一心，员工"当家做主"。这些企业积极倡导员工主人翁精神，倡导员工艰苦奋斗的奉献精神，激励员工大力贡献自己的聪明才智，最终提升了整个企业的凝聚力和核心竞争力，以此巩固了企业在市场中的领先地位。

传统管理模式推崇权威和控制，而现代合伙制企业的管理却倡导员工主动参与到管理中来，人人都是团队的"合伙人"。合伙让员工团结一心，合伙让企业"透明"，优秀的企业都是那些能使信息在内部有效流通、共享，达到透明化管理的。这样不但能强化员工的责任感和参与感，还能最大限度地实现企业与员工的共赢。

以沃尔玛为例，沃尔玛公司的股东大会是全美最大的股东大会，每次大会公司都尽可能让更多的商店经理和员工参加，让他们看到公司全貌，做到心中有数。老板萨姆·沃尔顿在每次股东大会结束后，都会和妻子邀请所有出席会议的员工约 2500 人到自己的家里举办野餐会。在野餐会上，他们与众多员工聊天，大家一起畅所欲言，讨论公司的现在和未来。为了保持整个集团内信息渠道的通畅，他们还注重与各工作团队成员共同收集员工的想法和意见，邀请所有员工参加"沃尔玛公司联欢会"等。

萨姆·沃尔顿认为让员工们了解公司业务的进展情况、与员工共享信息，是让员工最大限度地干好本职工作的重要途径，也是与员工沟通和联络感情的一种方式，这样做会使员工产生责任感和参与感，意识到自己的工作对公司的重要性，感觉自己得到了公司的尊重和信任，会积极主动争取更好的业绩。而沃尔玛集团正是利用这种共享信息和分担责任的机制，满足了员工的沟通与交流需求，推动了公司的发展。

如果那些固守等级观念、严密封锁各层级间信息的传统"集权制"企业，都能够像沃尔玛那样透明公开，分享信息，在公司内部实现全方位透明管理，那么相信这些企业中的员工就都能体会到主人翁的尊严，得到被尊重感，不仅把企业看成是挣钱、谋生的平台，更会把企业看作是学习、进步、实现人生价值的舞台，在企业中会更加全力以赴做好自己的本职工作。同时，在信息共享过程中，每个员工会及时了解公司的决策和计划方案，而这一过程会最大限度地实现企业与员工的共赢和上下联动。

当然，许多大的企业会在不同地方设有分厂、销售店等。很多企业的人员会散布在不同的地区，而且常常是不同的时区，他们的工作时间也会迥然不同，在这种情况下，应该如何保证企业内部的沟通与联系呢？这一问题在如今的信息化社会中并不难解决，可以通过许多高科技手段达成目的。比如，麦克尼利斯集团行政总裁麦克尼利斯采用了一种别出心裁的方法，他用这种方法卓有成效地管理着分散在世界各地的 11 个分部。

大约 9 年前，麦克尼利斯采用了一种叫作"5—15 报告"的工作程序，此方法由巴塔哥尼亚公司合伙人施维纳首创。其具体内容是：每位职员每周须提交一份报告，报告必须在 15 分钟内写完，在 5 分钟内读完。根据施维纳的介绍，报告共分三个部分：

①简要叙述本人一周以来的工作情况；

②坦率地描述本人的精神面貌及周围同事的士气；

③写出一条针对本人、本部门或公司的改进建议。

使用这种工作程序一段时间之后，麦克尼利斯发现报告的第三部分中很少出现有益的建议，而往往充斥着空洞无物的官样文章。因此，他删掉了这一部分，但却保留了前两部分作为企业内部沟通的主要手段。

麦克尼利斯说："在一个像我们这样人员分散的企业中，这种工作方法大有裨益。从我得到的信息反馈看，实施'5—15'报告程序后，我们的许多驻外人员都觉得和公司联系更加紧密。我们要求全职人员每周提交一份报告，而兼职人员和咨询顾问每月提交一次，报告一般在周一中午之前提交。因为我们的人员较少，所以每人都能得到所有报告的全套复印件。我们还把这些报告抄送给我们公司的主要业务单位、合资企业和重要客户，作为加强联系的一种办法。"

"5—15报告"中主要汇报客户中出现的情况，正在起草中的提案，值得召开的会议，以及出现的问题和新的计划等。这种工作程序为员工们提供了一个论坛，员工们可以在这里分享成功经验，对同事表示慰问，寻求帮助，提出建议，甚至表达不满或传递一些大家感兴趣的信息。

这种报告体系是维系员工之间私人关系的一个重要渠道。在正常情况下，员工们总会在咖啡厅或饮水机前进行一些信息交流。这种交流让员工们非常高兴，因为这种交流机会会让员工有集体归属感。

麦克尼利斯集团的内部报告中还有一个非常重要的内容，就是员工的个人生活，诸如孩子出生、亲属去世、同仁结婚等等。由于这种内容每周都有，而且人人均可读到，因而有效地加强了企业内部员工之间的联系。

麦克尼利斯说："这些年来，我们只有一次能够把企业的全体成员召集在一起，因为这需要调整每位员工的日程表，而要协调所有人的时间是非常困难的。所以，我们的报告程序对于交流工作情况、分工协作会起到重要的作用。对我们来说，聚在一起不仅花费不菲，而且会耽误许多宝贵的时间。所以，'无需碰头'就能够实现高效的交流与联系对我们上下都至关重要。"

当然，设计这种报告体系是用来通报大家共同感兴趣的情况的，但麦克尼利斯却注意到，这种报告常常能够促使员工进行深层次的个人交流。他补充道："我非常仔细地阅读这些报告，尤其是有关精神面貌的部分。我经常会对报告中的某些内容做出批示，然后发还给报告提交人，这样就形成了一个快速高效的反馈机制。"

其实，这种报告的作用之一便是信息共享，企业里的每一名成员都能得到全部报告，因此人人都可以平等地获得信息，而这些信息对每个人的工作和决策都会产生影响。在这种信息的流动中，没有人会觉得自己被排除在社会和企业之外，人人都有机会谈论自己手头的工作，无论他们是在接待一个大客户，还是在研制一种新型文档系统，每个人的价值都会由此获得认可。

当然，也许有些企业无法做到人手一套报告复印件，这没有关系，只要想出符合自己企业的沟通方式，这可确保员之工间的密切联系，而且任何难以召集全体人员到场的企业，可以借鉴此种方法，创制自己企业的"报告"方式，以保证企业内部的信息沟通畅通无阻。

日本的"经营之圣"稻盛和夫在谈到索尼的信息共享时指出："经营必须透明，当月订了多少货，比计划晚了多少，利润是多少，费用如何使用等等，这些信息应该连末端岗位上的员工都清清楚楚地知道，因为，这是在让员工感到被重视，同时也让中高级管理人员的行为在信息的透明中受到约束，从而让基层员工深刻感到自己是企业的主人。"

可见，在信息时代的合伙企业中，信息共享会更有效地发挥集体的合力，这种无形的价值能够最大限度创造出有形的价值，这一点已被那些广泛实施了信息共享的企业所验证。

合伙创业要有特色的薪酬体系

在互联网时代，不懂"合伙"规则，创业无从谈起；但即使创业的架子搭起来了，那些千头万绪的绩效管理还需要全盘谋划。绩效管理的对象是人，而人和机器的最大区别是，人的工作业绩会受到各种因素的影响。而绩效管理是企业人力资源管理中最难做到的，它在实际操作过程中非常复杂，比如如何考察企业员工的绩效。

在企业的绩效管理体系设计中，薪酬体系的设计是否合理事关企业的前途和发展——设计得好，有利于调动全员的积极性；设计得不好，则会使企业内部纷争不断，更别说企业的发展了。

稻盛和夫可谓是企业经营管理的天才，他在谈及自己的经营策略时特别提到了一点，即确立专业的薪酬体系的重要性。

日本京瓷在美国的子公司与美国的会计师事务所之间有着大量的

业务往来，在美国会计师事务所工作的会计师们作为专业人士，对客户的要求会立即予以回应，哪怕是在深更半夜。美国的会计师们对自己所从事的工作有着极强的专业精神和责任感，但是同时，他们也会要求与之匹配的报酬。正是通过与这些美国的会计师事务所对比，稻盛和夫认识到在日本的会计事务所工作的会计师虽然与美国会计师从事的是相同的职业，但是却朝九晚五按部就班地工作，让人感觉缺少专业精神。因此，他意识到，应该改变自己对手下员工的定位，要让那些具有职业专长的员工像专业人士一样工作。

但是如何激励员工呢？这就涉及到专业的薪酬体系的确立。稻盛和夫后来告诉他的员工："你们都是专业人士，因此公司以后也会支付给你们与专业人士相称的薪酬。但是今后不管你们的工作是否可以在正常工作时间内完成，你们仍需要彻夜加班，而薪酬金额不会有任何改变。"这条规定一出，员工们在工作时开始高效执行，而员工在提高工作效率的同时，即使需要加班到深夜，也会努力工作，因为公司对他们的薪酬做了大的变化，即在公司实现专业化的薪酬体系改革，员工自然会随之产生相应的自律感。

不同的企业因规模和运营模式的不同，薪酬体系的设计应该是不同的。如何确立与员工工作适当的薪酬体系这确实是一门学问，因为如果设计得不好，不但不能提高员工的积极性，反而会影响企业绩效。

某私营企业创始人凭着数万元家底，联合了几个同学共同创办了一家贸易公司。在大家的努力下，公司发展很快，已积累了上千万的资产，但他却碰到了这样一个问题：过去，日子很艰苦，那时给大家发工资，大家无论工资高低，都很高兴、很满意，但现在中层业务人员虽拿的工资虽然比较高，也都买了房和车，可工作干劲却没有以前那么高了。按说生活好了，大家的干劲应该更高，但恰恰相反，积极性不但没提高，反而降低了，"请假"现象不断。为此，公司虽然采取了一定的措施，比如制定各种规章制度，但效果并不是很明显，这就是企业在设计新的时代员工薪酬体系时经常遇到的难题。

确实，在市场经济中，企业采用最多的激励方式是物质激励，这样可以吸引、保留、激励组织所需要的人力资源，也因此，具有激励性的薪酬体系是组织激励机制的核心。

所谓工资或是奖金就是薪酬物化的主要形式，用这些激励员工没有错，但其能否激励员工朝更高方向迈进并不取决于金钱本身，而在于企业是否有更让员工感兴趣的"东西"。需要指出的是，一些合伙公司普遍存在一个认知误区：给钱越多，就越能激励员工。一些老板也是用江湖义气来做生意。事实证明，家庭小生意这样做也许可以，但是有组织的企业管理却不可以这样。从管理学角度来讲，对于任何人而言，超过需求之外的意外收获容易变成"毒药"，比如对一个极度饥饿的人来说，给他吃第一碗饭是救命，连续几碗会撑死他。高工资、高奖金会激励员工主动完成工作，但如果没有奖励制度，员工的积极性就会减弱。这就是经济学上的"边际递减原理"。

一般来说，可以将决定薪酬激励效果的因素归结为以下三点：

第一是薪酬体系的公平性。这可以分为外部公平性和内部公平性。所谓外部公平性，体现在与同行业同等工作相比，员工的薪酬应该具有可比性，理应相当，或者至少差距不应该过于悬殊；而对内部公平性来说，最关键的则是"不患寡而患不均"，即不同级别、不同部门员工的薪资差距应该保持在合理的范围内。

第二点是要按照科学的程序对薪酬体系进行设计。科学的薪酬设计体系是保证薪酬公平性的基础，而这一科学性主要体现在薪酬体系设计与企业的发展战略相结合上，因为这种结合可以使收入分配向有突出贡献的员工倾斜，以达成企业的战略目标。

当然，最后还必须将员工的薪酬与其工作业绩挂钩。这一点很多企业都能认识到，因为如果二者脱节，不仅起不到激励作用，甚至会形成障碍。

稻盛和夫在工厂业绩上升后，就决定把每月销售额的20%当作奖金发放给员工，这使所有员工都认识到，公司的发展与自身的利益是紧密联系在一起的。京瓷还尽量让员工持有股份。1984年，稻盛和夫把自己的17亿日元的股份赠予1.2万名员工，这个决定表明他与"员工是一家"。除此，他还常与一线员工进行密切交流，对激励京瓷的团队士气起到了至关重要的作用。京瓷在员工的齐心协力下，也最终从一家"乡村公司"发展成为一家大型跨国公司。

京瓷集团在美国本土拥有数家企业，雇用的员工大约有 1 万人。

京瓷集团在美国的企业中，对普通员工采用的是时薪制，即按劳动时间计算报酬；对担任管理职务的员工则采用的是月薪制，员工工资的增加虽然同样是以企业业绩为基准，但是不同的员工具体的执行模式则是在参照同行业平均工资水平与企业业绩状况的基础上，本着"企业员工都很尽力，所以让员工工资的增长幅度略高于同行业平均水平"的态度，来决定员工工资的平均增长幅度。

当然，各企业在薪酬调整方面也不能一概而论，很多企业中对企业贡献卓著的员工的工资增长幅度确实要高于企业整体的平均水平，而有些企业中工作效率不佳的员工的工资增长幅度则相应地要低于企业整体的平均水平。例如，当一家企业员工工资平均增长率为 4% 时，优秀员工的增幅有可能是 6%，而那些工作效率较低的员工的增长幅度则只有 2%。

虽然京瓷在美国的企业没有采用像日本国内企业一样的工龄工资制，但是同样也会每年上调员工工资。不过有一点需要说明的是，京瓷在美国雇用普通员工从事同一种工作时，不管这个雇员的年龄是 20 岁还是 40 岁，两者之间的工资不会有任何差别，这一点不同于日本企业。

在日本，京瓷集团的员工年龄差异会影响其工资收入。但是在美国的京瓷公司则不同，一旦员工受聘进入了京瓷的某家企业，其工资收入就会与日本企业一样逐年上升。与普通日本员工不同的是，美国企业的管理层人员实行的是绩效浮动型的薪酬体系，即"年薪+奖金"的具体计算模式。美国企业管理层人员的年薪虽然是固定的，但是其奖金数额绝对取决于企业业绩。

京瓷内部还有许多效益不错的部门，也许很多人会认为这些部门中的员工的待遇会相对更好，但事实是，这些部门的效益与所在部门员工的工资与奖金并未直接挂钩，因为稻盛和夫认为，如果某个部门的员工由于这个部门业绩一时的突出表现而获得大幅加薪，就会引发其他部门员工的攀比心理，使其他部门员工心中产生不满和怨言。反之，当某部门业绩出现下滑时，虽然也可以以此为由扣除部门员工的薪酬，但是这样做可能会打击员工的工作积极性，因此薪酬体系在实际操作时充满了难度。

由于稻盛和夫自己是技术人员出身，因此他希望能够建立更加合理、更加有说服力的薪酬制度，京瓷最终在日本公司选择了不以表面利润、而以"单位时间利润"作为经营指标。

稻盛和夫认为在这种经营体制中，利润核算不是以表面利润作为标准，而是以代表每一小时劳动时间所创造的附加价值额的"单位时间利润"作为核算指标，这是他经过多年管理总结出来的。这个核算指标的计算方法是，将部门销售额减去劳务费之外的所有费用，从而计算出部门所创造的附加价值，然后将这个附加价值除以部门总劳动时间，从而得出"单位时间利润"。也就是说，在评价各部门的经济效益时，不是以的"利润"为标准，而是以单位时间创造的附加价值这种灵活的指标作为判断依据。

可见，合理的薪酬体系是与人性化的管理和因地制宜的手段结合应用的，这其中不只是冷冰冰的"金钱"奖励，而是体现着管理者的人文关怀。

众筹时代，"组团"投资已成趋势

在当今的互联网经济时代，人人都有当老板的可能，因为互联网提供了更大的平台，使创业更便捷，互联网时代也更是成为合伙人的时代。阿里巴巴的马云、360的周鸿祎、腾讯的马化腾、小米的雷军，四大互联网巨头发起"合伙人时代"的强势号召，完成了从"人人创业"到"人人合伙创业"的转型。

"股权众筹"、"新三板"已经成为当下非常热门的话题，如今，股权众筹已经逐渐开始突击入股"新三板"，成为"股权众筹"的一种。

股权众筹平台的加入，使得大众投资"新三板"的门槛降低了不少。此前，新三板的个人投资门槛为500万元人民币，只有达到这一标准才能符合开户条件。由于门槛太高，众多投资者对此只能望洋兴叹。而普通"新三板"定增基金产品的投资额一般最低为100万元人民币，"天使客"股权平台将其投资门槛定在了6万元人民币，这些从根本上解决了普通投资者面临的投资门槛高的问题。

2015年2月11日，华人天地的定增案发布。深圳众投一邦投资公司是由股权众筹平台"众投邦"与华人天地股权融资公司共同设立的项目制企业。而深圳众投一邦投资公司实际上也是有限合伙人企业。该项目制企业的设立标志着股权众筹平台第一次参与已挂牌新三板企业的定增。众筹的介入，使得原来较高的资金门槛有所降低，从而使个人投资者也能参与到新三板企业的定增中。

目前，"众投邦"、"天使客"、"原始会"等股权众筹平台已经全面加入了"新三板"业务。而"众投邦"作为国内首家"新三板"众筹平台，更是把众筹"新三板"作为其主要项目来发展。越来越多的股权众筹平台参与到新三板业务中，包括"蚂蚁天使"、"众筹网"、"众众投"等，股权众筹"组团"投资"新三板"已成为新的发展趋势。

这些"股权众筹"平台涉足"新三板"业务的方式主要有两种：第一种是拟挂牌"新三板"的企业通过众筹平台直接转让部分公司股权，由投资者进行认购；第二种是"股权众筹"平台专门开辟"新三板"项目基金版块，众筹平台充当领投人，由个人投资者进行跟投，最后再以有限合伙企业的方式参与项目。

那么，哪些企业适合挂牌"新三板"呢？

1. 处于初级成长阶段的中小企业：该类中小企业在研发产品和

进行小规模生产的时候，需要不断扩大产能、拓宽市场。

2. 在成长中受限的中小企业：这种中小企业虽然具备一定的生产能力和盈利能力，并且在市场中占据一定的份额，但从资金、管理、人才等方面来说，还是具有一定的局限性。

3. 拟上市企业：该类企业虽然即将上市，但是其财务、业务等还存在一定的不足，只有在经过整改和规范之后，才能在未来两三年内达到上市标准。

4. 在传统行业中有一定的规模，并且有一定的利润要求的企业。

5. 新型行业中有创新能力，并能达到收支平衡的企业。

6. 在企业新生阶段向发展期转变的过程中，亟需与资本市场对接的企业。

统计数据显示，截至 2015 年 6 月 11 日，共有 2559 家企业在全国中小微企业股份转让系统中成功挂牌。

那么，发展"新三板"股权众筹有什么重要意义呢？

首先，"新三板"股权众筹可以拓展中小微企业的直接融资渠道，提升"新三板"融资功能。目前，由于"新三板"存在的流动性不足、市场定价效率较低、投资人数较少等问题，因此"新三板"的融资功能无法实现快速提升，获得融资的挂牌公司仅占所有挂牌公司的 20%，其余的挂牌公司则得不到股权融资支持。而"新三板"股权众筹将为挂牌公司的融资渠道开辟一块全新的天地。挂牌公司可以通过股权众筹平台，向投资者发布融资信息，并全方位展示产品特点，让投资者充分了解并加入到创业中来，这样不但降低了广告宣传成本，节约了时间成本，还促进了投资者与创业者之间的快速融资，提高了融资效率，从根本上提升了"新三板"的融资功能。

其次，"新三板"股权众筹可以丰富投资者投资工具，引导民间资本投资。如今，投资工具空前丰富，诸如储蓄、银行理财产品、黄金、股票、基金、信托、P2P 理财产品、房产、外汇、收藏等，无论是个人还是企业都会有诸多的选择空间进行投资。而"新三板"股权众筹作为一种全新的投资方式，丰富了投资者的投资工具，让投资人又多了一种投资的方式。由于其属于众筹范畴，因此更便于引导民间资本投资。

最后，"新三板"股权众筹可以推动大众创业、万众创新，推动国家经济的快速发展。"新三板"股权众筹的出现，提高了创业者的创业积极性，更推动了诸多的创业者发起融资创业项目，获得创业资金，从而有利于鼓励大众创业、万众创新，打造中国经济新的"发动机"，从而加快国家经济发展的步伐。

综上所述，发展"新三板"股权众筹不但可以拓展企业融资渠道，实现企业长足发展，还对民间资本投资具有一定的引导作用，甚至对国家经济的快速发展具有重要的推动作用。因此，股权众筹"组团"投资"新三板"必将成为一种时代发展潮流。

《社交红利》引发的出版众筹

随着互联网金融的不断发展以及向各个领域的渗透，文化产业作为朝阳产业也逐渐受到互联网金融的影响，出版众筹也成为了新时代出版行业的新思路，每个人都有可能成为出版商和"文化人"。

出版众筹是由缺乏资金但却能够提供富有创造力和创造价值的产品的出版人，借助互联网平台发起众筹活动，吸引那些与发起者具有相同爱好的资本持有者进行投资，从而实现共同出版的梦想。这种出版众筹的方式可以使发起者和投资者各自发挥所长，同时获益，可谓实现了双赢。

虽然股权众筹模式最初是从国外引进，但在"互联网+"时代已成为一大热点。如今随着众筹在我国的深入发展，众筹与诸多领域结合的大胆尝试，使各种众筹模式不断出现。文化产业受到众筹风潮的影响，也出现了全新的产业形式。影视众筹、杂志众筹、出版众筹、音乐众筹等诸多众筹项目不断涌现，使得文化产业中无论是音乐、出版、设计、艺术、影视还是动漫，都从传统的 B2C 模式(即先生产后推广最后被观众接受的模式)转变为众筹的 C2B 模式(观众接受后商家才生产的模式)。

而出版众筹的出现不是偶然的，是顺应互联网金融的发展趋势而诞生的必然产物。新近通过众筹模式出版的书籍有很多，比如《社交红利》(2013 年 9 月已出版)、《本色》(2013 年已出版)、《风口：把握产业互联网带来的创业转型新机遇》(2015 年已出版)等。

《社交红利》是最早的一本通过众筹方式出版的书籍。这本书在首次印刷之前通过众筹的方式，在两周的时间里就募集到了 10 万元书款，实现了预售 3300 本的预期目标。在之后的每个月里，《社交红利》都会加印 5 万本，创下了惊人的销量。《社交红利》的出版，使得出版众筹成为传统出版行业的一颗璀璨的明星。

《社交红利》全名为《社交红利：如何从微信、微博、QQ 空间等社交网络带走海量用户、流量与收入》。单从书名我们就不难发现，该书与腾讯有着千丝万缕的关系，而这本书的作者就是在腾讯工作了 6 年以上的员工徐志斌。

徐志斌初稿写作完毕之后，将稿件发给了李开复和王肇辉求教，后来由王肇辉将其推荐给了出版方北京磨铁图书有限公司。但是当该书正式进入出版发行阶段的时候，北京磨铁和徐志斌都有些犯愁了：

本书讲的内容是新兴互联网商业，如果能将其与实际营销相结合，必定能够大卖，但是具体如何进行操作，双方都没有找到合适的渠道。

一次偶然的机会，徐志斌和一位读者进行交流时，该读者提出了一种全新的出版方式——出版众筹。当时正值"中国好声音"与"众筹网"合作，通过预售那英演唱会门票的形式来确定演唱会的场地以及演唱会开演的城市。徐志斌由此受到启发，他乘着众筹之风，在"众筹网"发起了标的为10万元的预售"募资"，并以与作者零距离下午茶交流、《社交红利》发布会入场券等作为对投资者的回报，最终通过众筹的方式出版了自己的图书。

一时间，《社交红利》火了，出版公司也一下子声名鹊起，出版众筹从此便成了出版行业聚焦的热点。

不少人认为，是出版众筹成就了《社交红利》的成功，如果没有众筹平台，也就不会有《社交红利》直至今日的名声大噪，也不会有徐志斌的功成名就。但也有人说，是《社交红利》带动了众筹的进一步发展，将成立仅仅半年时间的众筹网推荐给了国内科技行业中顶尖的企业家，最终使得众筹成为社会热点。

不论是众筹成就了《社交红利》，还是《社交红利》成就了众筹，出版行业与众筹的合作的确是颠覆了传统出版行业的模式，实现了创新，成为出版领域的一次巨大的创新性革命。《社交红利》一炮而红之后，不少图书借鉴其出版方式，其中《风口》就是一个最为典型的例子。

2014 年 11 月 23 日，《风口》在众筹平台发起出版众筹，截至 2014 年 12 月 31 日，在 40 天的时间里，出资 1 万元以上的人数就已经达到了 315 人，其中包括一些顶尖的企业家、投资大鳄、知名媒体人等。而出资 1 万元以下的人数也达到了 484 人，将近 80 人筹集的资金数额超过了 400 万元人民币，无论是移动端众筹金额，还是参与人数，抑或是众筹单品数量，都刷新了历史纪录，堪称图书出版领域的一大奇迹。

出版众筹因其特有的优势，对传统出版行业带来了越来越强的冲击，所扮演的角色也越来越鲜明，实现了传统文化产业的创新，因此我们可以预见，未来出版众筹也将成为出版行业的一种出版新方式。

苦练『内功』，
让自己成为优秀的合伙人

优秀合伙人需要具备的合伙能力和特质

优秀的企业需要优秀的合伙人，优秀的合伙人能使企业快速发展。合伙人既是创业者，也是风险的承担者，他们必须能够预见未来，规避各种风险，或在风险到来时，将企业遭受的损失降到最低。优秀的合伙人也是财富的创造者，他们要率领全体员工敬业守法，为社会、为投资者、为顾客、为员工创造财富。而为完成以上目标，优秀的合伙人不但要履行其职责，还要扮演如下三种角色：

其一，决策者。管理大师西蒙认为，管理人员的任务在于决策，即决定企业该做什么。为此他要运用各种资源，排除各种障碍，与内部和外部的各类人员和组织打交道。其二，在人际关系方面，作为组织的第一人，需要履行社会义务；作为领导者，需要起到身先士卒、先公后私的作用；作为组织的代表，则应扮演联络员的角色。其三，在信息方面，应充当信息的接受者、传播者；对公众而言，合伙人是企业的发言人。为扮演这些角色，合伙人必须具备三种基本能力：概括分析能力、人际交往能力和业务技术能力。

在优秀的合伙人团队中，各人的风格不尽相同，保持平衡的能力也各不相同：比如有些人奉行严格管理的原则；有些人相信在轻松的环境中，下属们会做得更好；有些人通常依靠自己的能力带动下属；有些人广泛发动群众，发挥集体智慧……但无论哪种风格的合伙人，只要能把团队带好，把任务完成好，能保持适当的上下级平衡，都是合格的。

另一方面，优秀的合伙人也有很多的共同之处：他们对公司情况都有深刻的了解，非常关心公司的命运，为实现美好的理想坚持不懈，奋斗不息；他们是企业的建设者，而不仅仅是财富的追求者；他们既有集体合作精神，又有独立工作能力；他们能够把握机遇，敢于冒险……下面就来具体看看这些优秀合伙人的共有特征：

1. 优秀的合伙人通常视企业为家，拥有坚持不懈为事业打拼的毅力。成功公司的合伙人都具有牺牲精神，对他们来说，公司的声誉是他们生活中最重要的东西。

2. 对事业永远抱以热情，是事业的创造者，而不仅仅是财富的追求者。美国企业联合会的领导人几乎都是百万富翁，其中一部分领导人如果把自己持有的股票和证券卖掉的话，甚至会成为千万或者亿万富翁。但他们对金钱并不看重，他们真正看重的，是自己的事业能够造福社会，造福后人。

3. 善于合作，注重组织建设。成功的合伙人注意多方面培养下属，以提高他们工作技能，同时健全管理制度。

4. 敢于冒险。成功的合伙人都认识到有胆略的重要性，他们知道什么时候应当冒险。在调查中，90%以上的合伙人认为，他们把冒险看作公司高速发展的必要手段，而74%的人认为，冒险对他们公司的成功是非常重要的。

5. 善于把握机遇。善于把握机会和愿意冒险同样重要。在采取冒险行动之前，大部分优秀的合伙人都会深入了解竞争者的相关情况，彻底掌握外部环境对自己的影响，以便预先估计可能出现的不利形势。更重要的是，这些优秀的合伙人能保持头脑清醒，有应急的计划来应对失败的可能性，并会促使不利形势变为有利形势。

6. 优秀的合伙人不仅仅是管理者，更是出色的领导者。管理，从思想上来说是一种哲学，从理论上来说是一门学问，从操作上来说是一种艺术。由于其地位的特殊性，做合格的合伙团队管理者其实是很难的。

理查·布兰迪是一个技术天才，他是微软公司的首席软件设计师，在他26岁的时候，他成功设计出来第一版的Word软件，并因此引起了比尔·盖茨的重视，盖茨还让他带领一个小组开发一套新的软件。遗憾的是，这个新的开发计划并没有成功，因为布兰迪缺乏领导他人的心理准备和必要能力，导致计划延误，最后甚至还因此离开了微软。

后来，据布兰迪自己分析，他认为自己是一个好的技术人员，但不适合担任小组或是部门管理者的工作，因为他不知道该如何去管理别人。因为他在带领小组工作时，既缺乏信心，又不好意思向其他人求助，他怕因此而暴露出自己能力上的不足——不是技术能力，而是领导能力。

理查·布兰迪是一个技术能手，这是不可否认的，但他显然不是一个好的管理者，甚至他根本就无法胜任管理者的工作。所以，一个优秀的合伙人，除了自己要优秀，还要能团结合伙人，同时管理和带动下属一起前行，而要成为这样优秀的合伙人需具备如下特点：

第一，个人能力要符合管理岗位的要求。身为合伙人，在知识、能力和个人品质等方面必须与管理岗位的要求相匹配，并具备管理者应有的工作方式、职业习惯和行动力。

第二，参照绩效优秀者的工作标准，而不是绩效一般者的标准。对于一个合伙团队中的中层管理者而言，在考核工作绩效时，必须具备优秀的表现才算胜任。所以，一个优秀管理者的首要任务是自我管理，其次是管理好下属，这样才能不断出业绩。

第三，能够适应企业未来发展的需要。作为合伙人，今天胜任工作并不意味着将来也能胜任工作，在合伙团队中，一名真正优秀的中高层管理者，不仅要胜任当下的工作需要，还必须具有不断学习和自我提升的能力，为未来的工作储存能量，这样才能够随着企业的发展和工作要求的提高不断释放出新的工作能量，永远保持高超的胜任力。

每个合伙人都必须努力成为优秀的合伙人，这样才能使公司决策、经营战略等方面不出差错，才可以带领公司员工上下一条心，取得经营上的成功。

培养领袖气质

中国有句俗话说得好，"带人要带心"，"将无威不立"，这在古代带兵打仗时可谓经验之谈，在今天看不见硝烟的商战中也是如此。领导者必须培养自己的领袖气质，否则不但难以树立威信，还会伤了人才的心，削了人才的势，灭了人才的热情和斗志，使企业发展缺乏活力。

那么，企业的改变应该哪里开始呢？答案是从人才管理机制开始，企业的领导者应当摆脱传统雇佣制的束缚，关心人才的成长，让人才真正感受到存在感，真正发挥自己的才能。现今，越来越多的企业采用"合伙制"激励员工，吸收优秀的员工到"合伙"团队中来中，这样做一方面壮大了企业的人才力量，另一方面也使员工忠诚地为企业效力。当然企业的领导者如果还想建立有效的合伙人机制，靠单纯的技术优势是不能服众的，还必须以"实力+威信"来树立权威，因为失去了威信，就会得不到人心，所以，领导者即使能力再强，如果没有权威，也无法发挥团队的合力，"合伙"企业也将失去凝聚力，致使人心不齐，各自为政，反而削弱了企业的整体效益。

那么，优秀的领导者如何建立"合伙"机制，怎样在团队中树立威信，赢得"合伙人"以及下属的信服呢？

1. 做事要永远诚实可靠，说话要一诺千金

企业中的具体事务很多，而领导者做事要永远诚实可靠，而且在小事上也要体现出来。比如，在任何文件或信件上的签名，都要严格按规范，做到准确真实。还有，没有把握办到的事就不要轻易许诺，不要做出无能力坚持下去的决定，不要发布无力强制执行的命令。

2. 管理宽严要适当

管理者要做到恩威并施，"威"是约束、惩罚，"恩"是肯定、奖励，恩、威要能配合运用才会有号召力和凝聚力，才会事半功倍。在领导者管理员工的问题上，如果缺乏严格的管理，而一味温和相待的话，那么，就很容易将员工"惯坏"；但如果管理过分严格，就会导致员工的抵触心理，表面顺从，背后对抗，对工作没有自主性和创造性，工作缺乏热情，员工的潜力不能得到有效地发挥，整个部门也会死气沉沉。

领导者对员工如何做到宽严得宜，恩威并用呢？

第一，要把握好宽严的尺度，严中有爱。

领导者对员工要把握好宽严的尺度，在严格管理中，让他们能够体会到团队的爱与温暖。人非草木，孰能无情？只要领导者将自己的关爱准确地传达给员工，定能上下齐心，共同为了企业的发展努力。

第二，是宽是严，要根据具体情况而定。

在对待员工时，一定要按照宽严适度的原则去管理，因为如果太宽松了员工会放松对自己的要求，不把工作当回事；而太严厉了又会打击员工的积极性。因此，用宽还是用严，需要根据当时所处的环境，根据人、事、势的不同而灵活决定。

第三，如果宽严难以抉择，则应该选择严。

自古爱人之道，以严为主，宽则心驰气浮。企业管理中，如果宽严难以选择，宁严勿宽。因为太宽松的环境会使员工会失去压力和进取心，企业难以得到快速的成长。而严格管理不放松的制度，对于企业和员工的发展都是必要的。

合伙的过程是"修己安人"

有不少人虽然很有实力，也很有魄力，能在企业中当个中层管理者，但如果自己想创业却很难找到合伙人。别人可能会说他们很能干，可是说起"合伙"，大家都会摇头。为什么呢？因为这些人不好"打交道"，往往是要求别人多，自己却不能按此标准身体力行，平时为人处事尚且如此，那涉及利益分配就更斤斤计较了。所以，大家会说这种人能干、精明、有能力，但不愿意与其共事合作。

在儒家看来，君子成事之道在于"修己安人"，同样，"合伙"也是如此，首先要"修己安人"，才能创造利益。"修己安人"是基础，互利共赢是目标。一个人如果只会"修己"不会"安人"，那他就找不到合伙人。

怎样才是"修己安人"呢？儒家认为，凡事应从小做起，从我做起。古语道："一屋不扫，何以扫天下。"人只有以修身为本，才能完成齐家、治国、平天下的功业，才能达到道德高尚的圣贤境界，实现个人积极入世的理想。同样的道理也可以应用到现在互联网时代中的"合伙"企业中，领导者只有"修身"才能建立权威，而这种权威又被用来"安人"，即吸引合作者，使组织有序化，使自己能够顺其自然地成为组织中的中坚力量，从而发挥领导作用。

"修己安人"要坚持标准的统一性，因为"己所不欲，勿施于人"，要求别人做到的，首先要自己做到，自己如果不能做到，就不能要求别人做到。在"合伙"企业中，共创共享是基本特征，"上行下效"体现得比传统企业更加明显。

有一次，肯利仪器公司的老板利维在会议上宣布："全体管理人员减薪10%。我的薪水比公司里许多人高，所以我的薪水减20%。"结果与会者非但没有抱怨减薪，反倒要求自己再减薪10%。而公司这一措施使得员工的士气不仅没有低落，反而愈加高涨。在利维的带领下，公司最终渡过了难关。

无独有偶，1966年京瓷公司拿到IBM公司2500万个用于IC氧化铝基板的订单，由于其严格的规格要求，公司全体员工不得不通宵达旦地研究、生产。为节省上下班的时间，稻盛和夫指示干部必须住在公司宿舍里。有一天，他一直工作到凌晨5点，7点召开晨会的时候，睡在下铺的常务秘书杉浦正敏见他睡得正香，就没叫醒他。等他醒来已到了上午11点，他严厉责问杉浦为什么没叫醒他。有过这次经历以后，无论前一天工作到多晚，稻盛和夫都会出席晨会。正是他这种严于律己、言行一致的行为对员工产生了积极的影响，在后来公司发展的过程中，员工们都以他为榜样。

实际上，领导者要想获得实际的权威，只有靠自己修身。下面几点建议有助于树立领导者的权威：

1. 保持自己的专业技能优势，让员工心服口服。

没有人会佩服那些工作能力平庸的管理者，无论他在别的方面多么出色。管理者之所以能够成为管理者，就在于他相对于普通员工有着自己的"拿手绝活"，有着自己的专业优势，否则就难以让下属信服。拥有专业技能优势，是管理者胜任自身工作的一个最基本的要求。

20 世纪初，美国福特汽车公司处于高速发展的黄金时期，生产线上的每一辆汽车都有买主在等待。然而有一天，福特生产车间的一台电机突然出了故障，汽车生产工作被迫停了下来。停产就意味着巨大的经济损失，福特公司为了解决电机故障，决定花重金去请著名的物理学家、电机专家斯坦门茨前来解决问题。

斯坦门茨实地了解相关情况后，径直用粉笔在电机外壳画了一条线，要求工厂工作人员减少标记处的线圈，结果问题一下就解决了，生产得以立刻恢复。

为此，斯坦门茨要求福特公司给他 1 万美金，这在当时并不是一个小数目，但福特公司认为斯坦门茨画的那条线挽救了公司，于是向他支付了 1 万美金。

可以说，斯坦门茨所展示的就是知识的力量，专家的力量，这种力量让我们不得不佩服。如果一个管理者也能做到如此专业，那自然会得到员工的信服。

所以，要做一个合格的管理者，就要保持自己的专业技能优势，并以此来赢得合作者、下属的信服。专业技能主要包括：

（1）技术技能。

它是指正确地掌握了从事一项工作所需的技术和方法，包括三个方面的内容：

第一，掌握专业技术，如制造车间经理必须懂得各种机器设备的操作技术，人事测评中心主管必须懂得人员功能的测评技术。

第二，掌握工作方法和程序，如办公室主任必须懂得收文和发文程序，市场部经理应该掌握各种营销方法。

第三，熟悉工作制度和政策，如财务部经理必须懂得会计制度和财务规定，人事部主管应该熟悉人事制度和人事政策。

技术技能多数可以在学校教育和职业培训中获得，但其熟练程度却只有通过工作实践才能提高。

（2）人事技能。

它是指在工作中与人打交道的技能，包括三个方面的内容：

第一，处理人际关系的技能(主要指协调技能和沟通技能)。一般来说，中基层管理者处于组织结构的中间位置上，与上(上级)、下(下级)、左右(平级)的人发生着联系，有时还要与其他部门的人发生联系(尤其是高层管理者)。因此，中基层管理者如果能娴熟地运用人事技能处理与这些人的关系，建立起相互的信任和真诚的合作态度，管理工作将会事半功倍。

第二，识人用人的技能。管理者会识人会用人十分必要。因此必须深入地了解他人，用人所长，避人所短。而要做到这些，就必须拥有高超的识人用人本领。

第三，评价激励技能。一般而言，员工的工作积极性和创造性不会自动自发产生，需要领导者激发，因此管理者应该掌握有效的评价和激励方法，以便客观公正地评价他人并给予激励。

(3)决策技能。

决策技能是指对事物的洞察、判断和概括能力，包括三个方面的内容：

第一，预测能力。组织及其环境处于不断的变动中，管理者应密切注意部门内部及外部的互动关系，预测各种因素的变化将对部门未来的发展构成哪些可能的影响。

第二，判断能力。部门里经常会出现一些意想不到的问题，或造成局面的混乱，或造成工作停止不前。此时，管理者需要敏捷地从混乱而复杂的局面中辨别各种因素的相互作用,迅速地判定问题的实质,以便采取对策。

第三,概括能力。主要是指管理人员从纷繁复杂的信息中抽出对本部门全局和战略有重要影响的关键信息,并对其进行分析、总结的能力。勤于思考、善于学习、总结经验,是获得此项技能的最佳途径。

各种研究结果表明,出色的决策技能可使领导者做出更好的决策。相对来说,管理者所处管理层次越高,对其决策技能的要求就越高,所以,决策技能对高层主管来说尤为重要。基层主管也应具备一定的决策技能,否则,就难以准确地理解和有效地贯彻执行高层主管下达的决策。

2. 尊重下属,平等待人。

在现实中,总有那么一些人,一旦当上领导后,就觉得自己了不得,似乎身份、地位都高人一等。这样的管理者显然是难以让员工信服的。

作为管理者,一定要保持清醒的头脑,工作上可以严格要求,指挥、指导下属做好工作,但工作之外就应该以一种平等心态对待你的下属,绝不能在工作之外也把别人当下属,呼来喝去地使唤。

3. 要以理服人。

在教育员工时,要尽量避免空洞的说教,在解决员工的思想问题的同时，不要忽略对员工实际困难的解决，这样，才能免去他们的后顾之忧，使他们心情舒畅地做好自己的工作，胜任自己的工作。

总之，"修己安人"对领导者十分重要，对"合伙"也非常重要。

合伙人必须富有责任感和创新精神

身为合伙人，往往比普通员工更关心企业的命运和前途。优秀的合伙人会始终对企业怀有一种发自内心的责任感和使命感，在这种勇于承担责任，善于为所有员工谋福利的责任感驱使下，他们能够身先士卒，利用有限的人力、财力、物力资源，克服重重困难，带领团队去完成企业目标，为企业创造最大利润。

老子说："受国之垢，是谓社稷主；受国不祥，是为天下王。"这句话的意思是说：能够承担国家的屈辱，才能叫国家的君主；能够承担国家的灾难，才配做天下的君王。这句话也适用于合伙人，在合伙制企业中，主动要求承担更多的责任是优秀合伙人的必备素质之一。

在合伙制企业中，员工已经不再是被雇佣者，更不是管理层命令的执行者，而是转变成了创业者和合伙人。海尔集团制定的"动态合伙人制"非常值得借鉴：有创业精神和责任感的员工可以入股或投资某一小微企业，有能力而责任感强的员工可以助力小微企业上市，而业绩不好且缺乏责任感的员工会逐渐被淘汰出局。

深圳某集团公司董事长说："我警告我们企业的合伙人，如果有谁说'那不是我的错，而是他的责任'之类的话被我听到，我就立刻把他开除。这种人显然对我们企业没有足够的专注与忠诚。就好比你站在那儿，眼睁睁地看着一个醉鬼坐进车子里开车，却没有采取行动加以阻止。也许你有权决定你的行动和语言，但是我不容许这种事情发生在我的企业内部。在我这里，只要是关系到企业的直接利益，任何一个领导都要毫不犹豫地加以维护，这样的领导才是负责任的，也是我需要的。"

在汪中求所著的《细节决定成败》一书中记录了这样一件事：《经济管理》杂志社原社长赵英先生去日本做访问学者时，与一位日本研究人员出差后回到东京上野车站，一看表，才四点钟，距离单位下班时间还有两个小时。于是这位研究人员又回到单位上班去了，而乘车到单位去还需要半个小时。但因为他有负责任的一颗心，所以他自觉地回去工作了。

海尔集团总裁张瑞敏在谈到责任感时有一个经典的说法："如果让一个日本员工每天擦六遍桌子，他们一定会一丝不苟地每天擦六遍，而我们中国的员工第一天会擦六遍，第二天也会擦六遍，可是第三天就会擦五遍，第四天可能只擦四遍……这就是为什么我们的企业引进了许多一流的设备，而产品质量却达不到外国进口原装水平的原因；这就是为什么我们很多工业品产量能达到世界第一，而我们产品出售的价格却只有人家的十几分之一，甚至几十分之一的原因；这就是为什么中国产品在欧美市场价格上不去的原因。世界上很少有报酬丰厚却不需要承担任何责任的便宜事。想要一时逃避责任或许有可能，但要免除世间所有责任必须要付出巨大的代价。当责任从'前门'进来，你却自'后门'溜走时，你失去的可能是伴随责任而来的机会。因此，对大部分的职位而言，报酬和所承担的责任是有直接关系的。"

合伙人团队的每个成员都必须充分发挥敬业精神与责任感，因为有责任感的人即使遇到困难也会毫不退缩、绝不逃避，更不用说推卸责任了。如果团队中每一个人每天都能兢兢业业、诚诚恳恳地对待工作，那么所有人的成绩累积起来，企业的效益便极为可观了。合伙制企业较之传统雇佣制的优势也在于此，就像千万条小河可以汇成一片汪洋大海一样，能在企业中汇成一种无比强大的力量，而一个企业要想成功，靠的正是这种力量。

罗红是"好利来"的创始人，在创业之前，他曾在一家小照相馆做过学徒，当他还处于给别人打工阶段时，就表现出了与众不同的创新特质和敬业精神。在工作中，他从来都没将自己当作学徒，而是始终像老板一样拼命工作。

有一天下班后，罗红从照相馆骑自行车回家的时候已近凌晨5点，熬通宵加班加点工作对他来说就像是家常便饭。不过这一次，他在回家的路上却出现了意外，疲惫到了极点的罗红居然骑着自行车睡着了。结果可想而知，他被重重地摔了一跟头，摔得头破血流。

很快，老板受不了罗红的拼命精神了。有一天，老板找到了罗红的父亲，很惋惜地对他说："老罗，你把孩子领回去吧！"

罗红的父亲听后大吃一惊，以为儿子犯了什么错误，便急忙问道："为什么？是我儿子在工作中表现不好吗？"

"不！不！是他表现太好了，他太用心了，在我这里肯定要耽误他的前程，你还是让他去开创自己的事业吧！"

事情就是这样，年仅17岁的罗红被老板"撵走了"，但是，他的责任心却最终成就了他自己的事业。他在家人的帮助下开了一家自己的照相馆，照相馆越做越大，为他积累了创办"好利来"的资金，不久罗红又找到几个志同道合的朋友，开始创办这家现今闻名全国的糕点公司。

对合伙制的企业而言，不断成长是极为重要的，因为竞争对手也在不断成长，竞争是一场永远没有终点的战斗。而在这个过程中，企业的每个合伙人都需要有创新精神和责任感，为部门、为团队利益着想，为员工的利益着想，不自私自利，不贪占小便宜。此外，合伙人还应成为甘于奉献、不张扬、关键时刻能够挺身而出的领导者，这样的合伙人才是合格的。

补自己"短板",学他人"长板"

在瞬息万变的互联网时代,专才很多,但没有人十全十美、样样精通,一个人要想成大事,就要懂得与人合作、取长补短,这样才能让事业更好地发展。

比尔·盖茨是个计算机天才,但公司管理却是他的"短板",因此微软在创立之初就出现了危机。比尔·盖茨深知自己的能力缺陷,于是开始寻找管理方面的人才作为合伙人,他将目标锁定为自己的哈佛校友史蒂夫·鲍尔默。他的这位校友是个热情开朗、幽默机智的人,有很好的社交能力,与比尔·盖茨形成互补。

比尔·盖茨用可观的年薪和一定的股权打动了史蒂夫·鲍尔默。史蒂夫·鲍尔默荣幸地成为微软第一位非技术岗位的受聘者,同时也是微软的合伙人之一。

史蒂夫·鲍尔默来到微软公司后就把微软当成了自己的家,他充分发挥自己的社交才能和管理才能，与比尔·盖茨密切配合，一个潜心管理，一个做技术攻关，克服了重重困难，取得了一次又一次的成功，最终让微软成为世界知名大企业。

比尔·盖茨之所以能够成就大事业，在于他敢于正视自己的不足，顺应时代的趋势，找到了最适合自己的合作伙伴，与合伙人共享自己的事业。比尔·盖茨依靠合伙人的力量，使微软取得了巨大的成功。如果比尔·盖茨固守传统保守的思路，局限于从自身突破或做小的改观，或者对"专才"型合伙人挑三拣四，那他就得不到优秀的合作伙伴，自然也"治愈"不了微软的管理顽疾。在这样的情形下，微软的前途恐怕甚是堪忧。

在创业的道路上，人只有认识到自身的局限性，认识到单枪匹马闯天下的艰难，同时清楚地认识到人无完人的道理，才会认识到合作的重要性。一个企业创始人在寻找合伙人时，一定要找和自己志同道合、与自己优势互补的人，而不能对合伙人过于吹毛求疵，否则找不到与自己优势互补的合伙人，不能让创业的道路走得更加顺畅。建立合伙企业就像组建家庭一样不可能"事事完美"，因此，对合伙人更要有宽容和忍耐之心，要做到抓大放小、求同存异，这样才能把人际关系和企业的发展协调到最好。

太原一家计算机公司的创始人刘嘉航、曲坤伟和袁绍华被人们称为创业"三侠客"。他们之所以能够走到一起并创业成功，就是因为他们具有不同专长，优势互补。

"三侠客"在大学时关系就比较好。但毕业后，三个人并没有立刻组团创业，而是各自选择了不同的道路。三年后，"三侠客"各自练就了一身的本领。刘嘉航首先有了创业的想法。曲坤伟和袁绍华知道刘嘉航的想法以后，给予了极大的支持和鼓励，并且希望三人能一起创业。就这样，三人在太原注册了一家资本50万元的计算机公司。

尽管在公司成立之前，三人也曾因为筹措资金问题而遇到重重困难，同时三个人的性格也大相径庭，但三个人看重的都是他人的专长和优势，对于各自的缺点不是避讳而是坦诚相见，并且以开放的心态接受对方，齐心协力地想办法，充分利用各自的资源和优势去解决出现的各种问题。就这样，他们取长补短，优势互补，最终实现了共同创业的梦想。

可见，合伙人团队要想互相取长补短，助力企业发展，关键是每个成员都要本着开放的心态正视自己的不足，多看对方优点，不怕公开自己的"短板"，要善于内省，如此才能取长补短，团结一心，共同发展。

新东方的"三剑客"也是合伙创业的典范。俞敏洪、徐小平、王强是新东方的三位创始人。俞敏洪素有"移动英语词典"的称号，他的最可贵之处就是有很强的上进心、足够努力。徐小平是一位著名的留学签证、职业规划专家，从头到脚都充满了正能量，总是激情满满。王强于美国纽约州立大学学习计算机科学专业，取得硕士学位，是一位典型的理想主义者，但性格沉稳冷静。

新东方之所以能有后来的空前发展，虽然离不开俞敏洪足够的上进、努力，但如果仅靠他的上进和努力，没有徐小平的热情、没有王强的智慧与冷静，俞敏洪怕是花尽自己的力气也创不出这名号响亮的培训机构；但如果让徐小平凭着一腔热情单干，怕是他的热情也会被现实无情浇灭；而王强虽有智慧和冷静的性格，但如果没有俞敏洪的勤奋、没有徐小平的热情，也不能让新东方发展如此迅速。正是因为他们三人知道各自的"短板"，同时利用对方的"长板"，互相取长补短，力量才更大，新东方才会有今天的成功。

除了新东方"三剑客"之外，万通"六君子"、阿里巴巴"十八罗汉"、腾讯马化腾和"四大金刚"都是依靠"合伙抱团"、取长补短的力量取得成功的。

优秀的合伙人知道，个人的智慧和能力是有限的，而且每个人的时间也是有限的，即便一个人不眠不休，把毕生的精力都用于打拼事业，每天也只有 24 小时，时间不会多给人一分一秒。但是你一天有 24 小时，我一天有 24 小时，加起来就是 48 小时。两人一起努力，在有限的 24 小时内就能完成单独一人 48 小时才能完成的工作，而多个人一起努力，就会比时间跑得更快，将有限的时间尽可能充分地加以利用。

创业需要资金和资源，维持企业运行也需要资金和资源。一个人的资金和资源总是有限的，但是如果几个志同道合的人凑到一起，哪怕各人的性格不同，背景各异，爱好有所差别，但只要有共同的创业理想，协商一致，制定好规则，共同拿出资金，充分调动自身拥有的资源为企业共同奋斗，就可以携手成就一番事业。

优秀的合伙人一定要有下面的几个特点。

1. 无论学历如何，要有独到见解，对自己的事业有用。

选择合伙人不是在选教授，不一定要看重学历，只要对自己的事业有用、有共同的奋斗目标就可以。

2. 心胸坦荡，不斤斤计较。

合伙人要参与企业的经营管理，因此要能容人。一个人如果容不得人，如何与其他合伙人搞好团结，如何管理员工，安排整体工作？所以，心胸狭隘的人即使有天大的本事，也不是好的合作伙伴。

3. 要有胆量和魄力。

什么叫胆量？就是要对共同的事业有破釜沉舟、孤注一掷的勇气，当然，违法犯罪的事除外。什么叫魄力？就是别人只想着做1万元的事业，你却在想着做1000万元的事业。当然，空想也没用，光喊口号也不行，一味地许诺却从不付诸行动的人也不能合作，因为即使合作了也不会成功。

4. 遵守时间的人。

守时是一个人人品和素质的反映，这种人对自己是负责的。一个人如果对自己都不负责，那又如何要求他对别人负责？

5. 凡事有原则的人。

做小事靠智慧，做大事靠德行，做长久的事业靠原则和制度。企业要想做得长久，一定要选择有原则的合伙人，包括奖惩的原则、薪酬分配的原则等等。只有原则分明、秉公办事，才能树立起威信、带动起队伍。

6. 不嫉贤妒能的人。

这种人是永远能够看到别人的优点的人，是创业者首选的合伙对象。

这点在选择合伙人时尤其重要。否则，看见别人好，自己就睡不着觉；看见别人行，又在那儿不服气——跟这样的人合作，企业也会被搞得乌烟瘴气。

优秀的合伙人是老板也是普通员工

一个合伙企业要运营、要发展，既要靠团队，也要靠领导，而合伙人在其中发挥着至关重要的作用。合伙人团队通常负责管理企业，制定企业战略，领导员工朝企业的目标奋斗，所以企业的管理方式在很大程度上取决于合伙人的理念和价值观。

在传统的管理理论看来，领导和管理者必须有至高无上的权威，必须是业务专家，必须是拥有处置大权的人物，只有这样领导行为才能有效率。但如今管理理论有了很大的改变，很多人认为优秀的合伙人既应是老板，又应是普通员工，应该关怀员工而不是监督员工。

人们在满足了基本的物质需求以后，不再是以前那种跟老板"讨"生活的打工仔，他们也渴望成为企业的主人，渴望让自己的辛勤劳动更有价值。因此，如今的员工更愿意寻求合作而不是寻找工作，传统的雇员也开始向合伙人角色转变，而老板也不再是高高在上、独断专行的老板，而是要成为事业的组织者、企业的合伙人。

所以，领导者要改变以往高高在上的命令式和监督式管理方法，要以德服人，既要善待、尊重每一个员工，同时也要关心员工的生活，并致力于为下属营造一个好的工作环境，让部门、团队中的员工能够关系融洽、和谐相处。因为只有良好的工作氛围才能激发起员工爱岗敬业的热情，才能使领导者赢得大家发自内心的尊重。

我们常说"爱岗如爱家"，就是要让员工把公司当成大家庭，让他们有一种强烈的归属感。要做到这一切，领导者就要在自己的职责范围内把关心爱护员工的工作落到实处，落到细处，以平等之心把自己当成普通员工中的一员，提高员工对公司事务的参与度，给予他们话语权，这样才能体现现代合伙思维的柔性管理，而员工有了"合伙"的意愿，对组织会产生很强的归属感和使命感，并忠于自己的企业，为企业贡献自己的热情。

美国著名军火商雷神公司在核潜艇配套设备生产领域享有盛誉，但在一次订货工程合作中，由于各种原因，公司的工程进度大大滞后了，如果不能如期履行合同的话，公司将会遭受巨额的经济损失。为了解决这一严重的问题，公司立即成立了应急问题处理小组，小组组长亲自来到施工现场，督促上万名技术人员及员工加快施工进度。

经过一年的努力，公司终于赶上了进度，并将第一批订货按期交送买方。然而，当完成第二批订货的时候，公司技术部对仓库中即将装运的设备进行了最后一次预检，结果又发现了严重的问题。原来，技术人员发现有一件设备的主机动力线被剪断了，要知道这种设备可是准备装在核反应堆附近的，稍出差错就会带来无可挽回的惨重后果。

于是，技术部立即封存了这批订货，并将情况详细地向总裁做了报告。对于这样的事故，常规处理方法是将设备转移到安全地区予以全部拆毁。但如果这样做，公司好不容易建立起来的信誉也将会毁于一旦，雷神公司也可能因此而永无出头之日。

总裁当即决定召集全公司员工，把问题公之于众，征求大家的意见，谋求最完善的解决办法。总裁向员工们说明了公司目前面临的危机："伙计们，如果我们不能顺利渡过这场劫难，不只你们，还包括我，全都会流落街头，到贫民窟去寻找我们的立足点。这个棘手的问题关系到公司上下万名员工的共同利益，我没有权力独自做出决定，所以把你们召集来，就是要寻求一个两全其美的办法，来保住公司的信誉，保住你我的饭碗。好了，大家努力吧，愿上帝保佑我们。"

在这次危机事件的处理上，总裁把处理问题的权力下放，让每一名员工充分参与，积极献计献策，让员工有机会提出自己的意见和建议。据事后统计，在危机处理过程中，由员工们提出并得以实施的合理化建议居然多达一万多个，这些意见的适用性和价值甚至超过了董事会对此做出的预期，最终这些建议很好地化解了公司的危机。

雷神公司之所以能够顺利化解危机，是因为它能及时让员工参与规划与决策的结果，是集体智慧群策群力的结晶，是团结协作的成果。集体的智慧是惊人的，所以，让员工成为主人翁，他们会把自己所有的一切都贡献给企业。

合伙创业以人为本

很多合伙企业的成功，在很大程度上取决于企业文化是否"以人为本"。

传统雇佣制企业把员工看成是"经济人"、"社会人"，认为员工仅仅是生产机器的一个组成部分，忽视了员工的精神需要与创新精神。而合伙制企业把员工看成是"文化人"，提倡一种以人为本的企业文化和"柔性管理"，通过合伙人与员工的直接交流，让合伙人更加关注员工的需要，为员工提供更多的发展事业的空间，注重发掘员工的内在潜力和积极性，偏重于员工的作用和价值的实现。那么，什么是以人为本呢？用中国传统文化来说，就是"敬天爱人"，建立相应的人才管理机制，激发人的主观能动性。

在三国演义中，吕布是一位能征善战、不可多得的将军，所以当时的人们风传一句话叫"人中吕布，马中赤兔"。吕布帮助董卓立下赫赫战功，后又杀掉董卓，为国锄奸。但就是这样一位能征善战的将军，最后竟被部下出卖，吊死白门楼，这不可不说是他最大的悲哀。

为什么？因为吕布凭借自己的勇猛善战屡立战功，先后被丁原、董卓收在旗下，后来在司徒王允"美人计"的诱惑下，杀董卓，被封为奋武将军。后来董卓的手下李傕和郭汜召集旧部，攻入京城，吕布战败，仓皇出逃，先投靠袁术、袁绍，被派驻扎下邳。曹操前来攻打吕布时，由于吕布平时自视战功卓著，对下属无情无义，再加上曹操围而不攻，转而攻心，致使下邳城内军心涣散。后来曹操引水淹城，吕布的部将都觉得没有必要为不仁义的吕布卖命，为了自保，他们将其捆绑起来，献给曹操。

可以说，在单打独斗方面，《三国演义》中的众英雄恐怕没有几位是吕布的对手。但是，行军打仗靠的不是单枪匹马，而是上下一心。而吕布对下属是稍有过错轻则辱骂，重则大打出手甚至滥杀无辜，所以，吕布的手下都人心惶惶，对其是面服心不服。此外，吕布在多年的战事中多次易主，每一次都会背叛自己的上司，像丁原对吕布可以说有知遇之恩，但吕布最后还是将其杀害，所以吕布给人的印象就是一个毫无人情的利益之徒。在他败走的最后几年，没有几个人愿意给他提供帮助。所以在曹操引水攻城的时候，下属都巴不得其战败被擒。

人要想合伙创事业，首先要开拓人脉，"人缘好"才能吸引优秀的人来与你合作创业。下面我们来看看一个年轻的房地产推销员怀特的创业经历，或许你对此的体会会更深。

怀特是一名房地产销售公司的销售员，他来自普通的工人家庭。而詹姆斯先生则是一位很优秀的房地产顾问，并且拥有很多十分赚钱的商业渠道。詹姆斯在富裕的家庭中长大，他的同学和朋友都是学有专长的社会精英和社会贤达。怀特和詹姆斯生活的世界可以说有天壤之别，因此，两人在房地产销售业绩上也有天壤之别。怀特没有丰富的人际关系网络，也不知道该如何构建自己的社交网络、如何与来自不同背景的人打交道，因此少有人缘。

一个偶然的机会，怀特参加了一个关于如何开拓人际关系的培训课，受课程的启发，怀特开始有意识地和在房地产领域颇有建树的詹姆斯联系，并且与詹姆斯建立了良好的私人关系，他通过詹姆斯认识了很多其他领域的人，事业上的新局面自然也就打开了。后来，他成功地在这些客户中找到了自己的合伙人，共同投资创办了自己的房地产营销公司，并利用合伙人的人脉开拓了庞大的客户群，生意做得风生水起。

所以"一个好汉三个帮"这句话道出了两层含义：一是你是"好汉"才有人愿意帮，二是你是"好汉"也需要人帮才能成就事业。一个人的能力和资本总是有限的，是无法与竞争对手的千军万马相抗衡的，所以，只有以人为本，众人拾柴，互相取长补短，才会使自己的力量更强大。

创业时代管理模式中的合伙思维

建立有效的合伙企业管理制度

老子有句名言："治大国如烹小鲜。"这句话的意思是治理泱泱大国就像烹制小鱼，需要掌握好火候。治理国家如此，治理企业也同理。合伙制企业中往往合伙人众多，很多股份制企业中也广泛推行员工参股、分红和股权激励的管理方式，所以，可以说几乎每个人都是企业的主人，虽然岗位不同，但人人关心企业的业绩和发展，因为这和每个人的收益息息相关。在很多股份制企业中，员工都非常有积极性，即便管理者不监督，他们也会自觉自愿地努力工作。而那种管得过紧、管得过死的管理方式，其实不利于员工创造力的发挥，还会引起逆反心理，不利于员工的成长，不利于他们个人潜力的充分表现。松紧有度、一张一弛的管理方式，往往更能发现优秀的人才，更能带出一支打硬仗的队伍。

《礼记·杂记下》中有这样一番对话：

子贡随老师孔子去参加祭礼，孔子问子贡说："赐（子贡的名字）也乐乎？"

子贡答道："一国之人皆若狂，赐未知其乐也。"

孔子说："张而不弛，文武不能也；弛而不张，文武弗为也；一张一弛，文武之道也。"

孔子所言的"文武"指善于治国的周文王、周武王。他的最后一句话的意思是说：始终让弓弦处于拉紧状态而不松弛一下，这就连周文王、周武王也无法办到；相反，如果让弓一直松弛而不紧张，那么，就连周文王、周武王也不愿这样做；只有有时紧张，有时放松，劳逸结合，宽严相济，才是周文王、周武王的治国之道。

"文武之道，一张一弛"，意思就是说要治理好国家，就要让人们劳逸结合，让生产、生活有节奏地进行，这也是最好的治国方式。治国这么宏大的事业都能用一张一弛之道治理好，管理企业就更是同理了。高明的合伙人善于通过松紧有度的管理方法，也就是适当地放权，激发优秀员工的主动性和才华，提高工作效率，这样能发现越来越多的人才。更重要的是，还能为自己腾出更多的时间去思考和规划很多企业战略层面上的布局和方案，而不必事事躬亲，像诸葛亮那样"壮志未酬身先死，长使英雄泪满襟"。

在这里，需要注意的是松紧有度的管理方法实施的原则：

1. 对员工要"扶而不压"

一些合伙人对一般的人才可以任而用之，可对那些才高八斗、学富五车的员工，尤其是那些能力超过自己的员工却容忍不了，通常会认为这种员工构成了对自己权力和地位的威胁。于是，嫉妒之心便油然而生，接着便去想方设法压制那些出类拔萃的员工。殊不知，这是一种狭隘的做法。因为真正的优秀人才脱颖而出，是任何人也压制不住的。而那些高明的合伙人，对于优秀的员工是求之不得的，俗话说"强将手下无弱兵"，在自己的员工中若出现一些拔尖人才，对合伙人来说其实是一种莫大的荣耀。

著名管理学家德鲁克指出："有效的管理者不论是在择人任事上，还是在员工升迁上，都以一个人能做些什么为基础。所以，我的用人诀窍，不在于如何减少人的短处，而在于如何发挥人的长处。"

事实上，高明的管理者在很大程度上可以决定员工的成就大小，如果管理者发现员工的特长和优势，并加以合理的利用，那么，员工们的工作表现就会有突飞猛进的进步。

识别员工的长处和优势是让员工更加胜任岗位的前提和基础。所谓长处是指一个人所具备的可为组织所利用，并能为组织带来最大经济效益的与众不同的特点，这个特点可以是知识、技能、性格和价值观等，它是一个相对的概念，而不是绝对的概念。

所以，能不能发现员工的长处，就看管理者有没有识人的慧眼以及能否适当放权了。如果员工能在自己擅长的领域内游刃有余、愉悦轻松地工作，在这种情况下，即使没有外部的激励，他们也能够表现出一个最佳胜任者的特质。与此同时，管理者也会因为知人善任，得到更多的尊重和认可，使整个部门工作氛围更加和谐，工作效率逐渐提高。

2. 宽严相济，公平才是最重要的道理。

员工感到的任何不公平都会影响他们的工作效率和工作情绪，放权和授权不能仅凭管理者的偏见和喜好，虽然某些员工可能让你喜欢，某些员工可能让你不太喜欢，但在工作中，一定要一视同仁，不要偏袒或对某些员工带有成见。

3. 适当的奖励和惩罚是有效的。

奖励和惩罚不适度都会影响员工的工作效果，同时增加成本。一般人都知道，奖励过重会使员工产生骄傲和自满的情绪，失去进一步提高自己才干的动力；但同时也要看到，奖励过轻也起不到激励效果，让员工产生不被重视的感觉；而惩罚过重会让员工感到不公平，失去对公司的认同感，产生怠工或者破坏的情绪；当然惩罚过轻会让员工轻视错误的严重性，让同样的错误可能会一而再再而三地发生。所以，无论是奖励还是惩罚，都一定要适度、公平。

4. 建立科学的、公正的授权机制，目的是为了提高员工的积极性。

影响员工工作积极性的主要因素有：工作性质、领导行为、人际关系、个人发展、薪酬福利和工作环境等，这些因素对于不同的合伙制企业所产生的影响也不同。企业管理者在制定授权制度时必须体现科学性，全面了解企业的运营特点以及对员工特殊能力的认可，根据情况的改变不断地制订出相应的授权措施，最好在广泛征求员工意见的基础上出台一套被大多数人认可的授权制度，并且把这个制度公布出来，在管理中严格按制度执行。管理者要相信自己的员工，要善于发现优秀的人才，要认可员工的创造力，调动他们潜意识中的成功欲，适当地授权，不能把权力牢牢抓在自己一人之手，把自己忙得团团转。

合伙思维中的"扁平化"管理

知识经济时代，信息技术的发展使得知识在合伙人及劳动者之间共享，企业组织等级结构已不再受到管理幅度的限制，纵横交错的信息渠道造就了一种崭新的组织结构——"扁平化"的组织结构。企业"扁平化"的组织结构是一种通过减少管理层次、压缩职能机构、裁减人员而建立起来的一种紧凑而富有弹性的新型团体组织，它具有敏捷、灵活、快速、高效的优点。

"扁平化"的组织结构是一种静态构架下的动态组织结构，其最大的特点就是等级型组织和机动的计划小组并存，具有不同知识的人分散在结构复杂的企业组织形式中，通过凝缩时间与空间，加速知识的全方位运转，以提高组织的工作效率。"扁平化"组织结构的竞争优势在于不但降低了企业管理的协调成本，还大大提高了企业对市场的反应速度和满足用户的能力。可以预言，"扁平化"的企业组织将是知识经济时代独具特色的组织创新。

要成为跟上时代的企业，需要具备"扁平"、高效、精简的"小公司"的特质，需要具备奋斗、敬业与超强执行力的"创业公司"的特质，需要具备开放、进取、有激情、有事业冲动的"新公司"的特质。为此，企业需要有效推动与促进公司"管理者"向"合伙人"的身份转变，实现全体股东利益一致，这样才能帮助企业提升自身价值。

稻盛和夫用 40 年时间先后创办了京瓷公司和日本第二电两个大型企业。京瓷公司自 1959 年创办以来已有了 50 多年的历史，经历过两次经济危机，从困境中诞生并遭遇过激烈的竞争；日本第二电从创立至今只有二十余年的短暂历史，但是它却成功跻身于世界企业 500 强之列，这惊人的业绩与公司合伙人的领导策略是分不开的。

传统管理模式推崇权威和控制，而现代管理却倡导员工主动参与到管理中来。其实，每个员工都有参与管理的欲望，在管理中，他们想要拥有一定的发言权。而老板让员工参与管理的方式有很多，关键是想不想给他们这份权力。聪明的老板为赢得员工的合作，会努力激发员工的积极性、创造性和想象力，会主动为员工提供各种参与管理的机会，会让员工自己制定规章制度，这都是合伙的具体表现，是很好的管理办法。

在大多数公司里，规章制度是由管理人员制定的，是用来约束和管理员工的。一般来说，员工对规章制度比较反感，因为它生硬，没有人情味，冷冰冰的白纸黑字告诉你什么事情能做，什么事情不能做，员工只能被动地接受。但如果让员工自己为自己制定规章制度，他们所制定的内容也许比管理部门制定出来的还要严格，但却更容易执行。

让员工参与决策、发表各种看法，也是让员工参与公司管理的途径。比如有一种管理方法被称为"动脑筋会议"，这是目前在美国一些公司中流行的员工参与公司管理的方法，目的是从员工中寻求合理化建议。其具体做法是：召集几十个员工，就某一个中心问题展开讨论，例如制订生产计划、价值分析和降低成本等，每个人都可以在会上畅谈自己的意见和建议。

让每一位员工都参与管理，其实只需要做到以下几点：(1)鼓励员工在协作型的公司文化氛围中分享他们的见解；(2)赋予一线员工更多的职责和更大的权力；(3)根除程序上的浪费、不合理和重复的环节；(4)打破阻碍思想和成果自由交流的禁区。

稻盛和夫对下属经常使用"同志"或"伙伴"之类的称呼，由于京瓷公司的创立与众不同，是以稻盛为核心的八位志同道合的同志共同建立，股东都是给予了公司创业者极大支持的伙伴，公司是建立在合伙者团结一心的基础之上的。因此，公司内部的人际关系不是经营者与员工的上下级关系，而是朝着同一个目标，为实现共同的梦想而步调一致的"同志"关系、"伙伴"关系。

创业之初，稻盛和夫和同事们就相互盟誓要齐心协力，不惜一切代价地朝目标努力迈进。他们认为区区一家小公司，如果大家再不齐心协力的话，那只会是一事无成。但如果大家团结一心，就会形成一股强大的合力。创业之初，到了深夜，常有人建议："外面的夜排档摆出来了，大家先放下手头的活，一起去吃乌冬面吧！"结果气氛一下子热烈了起来。

所以，只要管理者能够把员工都视为家庭成员，员工自然会满意，公司也能得到快速的发展。稻盛和夫始终从这个角度思考如何最大限度地发挥每个员工的能力，让员工们在工作中认识到自己人生的价值。

现代管理之父彼得·德鲁克指出，目标管理的精髓就在于实现了组织目标和个人目标的完美结合，而其中最关键的一环就是请下属参与目标的制订。这一原则在管理学中是至关重要的。

通用电气公司创立于 1878 年，它的前身是美国爱迪生电气公司。在一百多年的努力下，如今的通用电气公司已发展成世界上最大的电气设备制造公司。通用电气公司在杰克·韦尔奇任总裁后，就成为了一家"没有界限的公司"，员工们"毫无保留地发表意见"成为通用电气公司企业文化的重要内容。

在公司里，有一项特殊的会议——"大家出主意会"。每年约有 2

万到 2.5 万名员工参加这一会议，开会时间不定，与会人数从每次 50 人到 150 人不等。该会议对主持者的要求很高，主持者要善于引导大家坦率地陈述自己的意见，并有足够的睿智来引导大家及时找到生产上的问题，拿出改进措施，以提高产品和工作质量。"大家出主意会"不仅是普通员工的事，当基层开"大家出主意会"时，韦尔奇还要求各级经理都要尽可能参与进去。他还以身作则，带头示范，不过他常常只是专心地听，并不发言，他总是虚心地听取他人的意见。

通用电气公司因为这一特殊的会议获益颇多。除了在经济上带来巨大收益之外，更重要的一点是，员工感到自己被重视，并认识到自己的力量，精神面貌焕然一新，给公司带来了生气，使公司取得了很大成果。

比如，在一次会议上，有个员工提出，在建设新电冰箱厂时，可以借用公司在哥伦比亚厂的机器设备，这样可以节省一大笔开支。公司上层经过分析，认为哥伦比亚厂是生产压缩机的工厂，与电冰箱生产正好配套。如此"转移使用"，确实好处多多，这样生产的压缩机将是世界上成本最低而质量最高的。最终，在这一建议下，员工虽然减少了 11 万人，利润和营业额却翻了一番，员工们的待遇也提高了。从此，公司的各级领导开始在这种精神的引导下，更加注意集思广益。"群策群力"的理念，成为通用电气公司走向成功的基石。

建立合伙制学习型企业

据统计，现今我国每天约有 1090 家企业诞生，同时每天又有 1000 家企业倒闭。那么，企业如何才能保持永久的生命力，使自己立于不败之地呢？

对这个问题的解答仁者见仁，智者见智，答案不一而足，但有一点无疑是肯定的，那就是企业必须适应新的体制要求，集中资金，集中优秀人才，依法构建合伙人团队，以合伙制的全员参股模式来改变企业的经营管理模式，最大效度地发挥合伙效应，迎接挑战。

除了适应新的体制要求，以合伙制的全员参股模式来改变企业的经营管理模式，英国壳牌石油公司的企划主任伍德格还以多年来的出色业绩告诉我们："企业唯一持久的竞争优势，或许是比竞争对手学习得更快的能力，因此现代企业一定要建立学习型的企业文化，制定全球化的经营战略。"

是的，真正基业长青的企业，都是那些能够设法使各阶层员工成为企业的优秀合伙人、全心投入工作并能不断学习的组织。彼得·圣吉在研究系统动力学的管理理论和无数优秀大企业的管理实践后提出：未来理想的企业组织形式是合伙制学习型组织。

什么是合伙制学习型组织？它有以下几项特点：一是合伙人志同道合，互相信任；二是合伙人能经常为自己充电学习，不断超越自我；三是适应发展需求，及时改善管理模式；四是目标的设立是在有共同愿望的基础上，即把管理团队的愿望转化为能够鼓舞组织全体员工的行动；五是进行深度沟通和讨论，建立真正有创造性的"群体智力"。合伙制学习型组织的出现，是企业制度的一次创新。

知识经济时代，高新技术渗透到商品产、供、销各环节，谁率先进行技术创新，谁就会拥有先进技术，就能生产出成本更低、效用更大、更能够满足消费者需要的新产品，而在竞争中处于不败之地；反之，就会在竞争中处于劣势，被市场淘汰出局。所以，知识经济、数字经济的时代要求企业必须时时学习，时时创新，因为不创新就会落伍。

美国的王安电脑公司曾鼎盛一时，但进入 20 世纪 80 年代以后，电脑市场竞争激烈，而该公司满足于自己产品在设计和技术水平上的优势和声誉，没有跟上电脑转型创新的步伐，及时推出新型电脑，终于败在美国 IBM 公司和苹果公司手下，最终导致破产。

那么如何建立合伙制学习型组织呢？以下几点可供借鉴：

首先，合伙制学习型组织大都推行全球化的战略，即面向全球开发与配置资本、劳动力、技术等生产资源，根据不同地区的不同利税和金融风险来配置资本，根据不同地区的技术发展水平和优势来组织技术开发，根据不同地区的文化水平和企业需要来开发和利用人力资源，以便适应不同阶段的创新需要。由于技术创新大多具有高效低耗、较少影响环境的特点，因而可以提高企业效益，加快企业运转速度，调整过时的产品结构，优化资源配置，实现企业要素的最佳组合，使企业始终保持旺盛的生命力。

其次，建立一套基于国际分工协作的高效生产体制，吸收借鉴先进的经营理念，扩展海外市场。越来越多的企业改变了以国内生产为主、海外生产为辅的传统经营方式，力求建立各种形式的海外生产基地，这样做的好处是不但能降低成本，还能使当地优秀的企业文化与母公司文化结合，加速创新，与母公司更好地分工协作。

最后，要建立培训机制，重视人才培养。很多企业老板往往认为：高薪招来的人才能力超群，只要一上岗即可投入工作。如果人才还需要企业花钱出力培训才能胜任工作，又怎能称之为人才，聘用这样的人和聘用普通人有什么区别呢？基于此，很多老板对于人才的要求极高，对人才的期望也极高，觉得人才就应该是招来即用的，不愿再为人才设立专门的培训机制。殊不知，人才来到一个陌生的企业，在初期各方面也会有"水土不服"的时期，工作起来也会遇到各种困难和问题，不会一开始就顺风顺水。而在缺乏培训的情况下，工作上的各种不顺会渐渐消磨人才的信心和积极性，影响他们的才能的发挥。

所以培训学习对企业而言极为重要。现今许多企业通过起用人才储备库或加强培训等方式，大力培养懂管理、会营销、懂外语且熟悉市场的综合型人才，以完善自己企业的人才知识体系，提升企业员工的综合实力，加速优胜劣汰的人才流动，使企业保持永久的生命力。

阿米巴——合伙企业的管理模式之一

　　合伙是建立在互利共赢基础上的，只有让员工们实现自身价值，才能实现投资者的价值，所以现代企业都提倡让员工成为企业的主人。但要想真正让员工体会到主人翁的感受，那就要在管理上下功夫了。具体而言，日本著名企业家稻盛和夫提倡的"阿米巴式"管理很有借鉴意义。

　　稻盛和夫被称为日本的"经营之圣"，其创办的京都陶瓷公司在成立 5 周年时，业绩发展顺利，职工人数达到了 150 人。人多，热情高，干劲大，这本应是非常可喜的事情。可有一天，稻盛和夫突然对公司的现状感到有种不可名状的担忧：公司这样发展下去，有一天员工们万一失去了创业以来的热情，会不会蜕变为一个失去活力的很普通的公司，从而停滞甚至没落下去？

　　稻盛和夫与一起创业的成员们之间一直互相用"同志"或"伙伴"

称呼，这是因为他认为合伙对创业非常重要，而这种称呼让合作者也非常高兴。而要让全体员工团结协作、意志统一该怎么办呢？为此，稻盛和夫想到，要让组织的成员最大限度地发挥自己的个人能力，感到自己的工作有干头，还是应该回归到创业时代，让全体成员都成为公司的经营者，这是唯一的解决办法。为此，稻盛和夫将整个组织按照工程类别、产品类别分为比较小的组织形态，每个组织都像一个中小企业那样去经营，让它们各自进行独立核算。然而，这样的组织并不固定化，它们可随着环境变化进行自我增殖和变形，以求最大限度进行合理化经营，让企业谋取最快的发展。

稻盛和夫将这样的组织命名为"变形虫"（阿米巴）。这样，无论公司发展多大，都可以根据具体事业的目的，将其细分为可以进行独立核算的组织进行生产，同时还可以培养出大量具有经营中小企业意识的干部和员工，由这样的干部组织构成的公司，将是非常强健、充满活力的，而且可以发展得很好。不仅如此，每个"变形虫"组织的成员都可以把握自己组织的目标，并在各自的岗位上尽情发挥自我的能力，这样，个人能力相应得到了提高，在集体中工作也会感到有意义。

在京都陶瓷公司的经营理念里，很重要的一点是：公司不是一部分人的所有物，而是同为"伙伴"关系的所有员工共同拥有的。正因为如此，员工们才会处处为公司的发展着想，积极地参加经营，为公司的业绩而拼命工作。"人心齐，泰山移"，公司成立以来不断发展壮大的根源就在于此。

"阿米巴"管理模式就是：人人都是经营者。整个公司按照工序、产品类别划分成若干个小规模的组织，而这些小组织则被视为一个个中小企业，放权经营，采取独立核算的方式加以运作。当然，这些小集体并非一成不变，它们可以根据环境的变化而进行自我"繁殖"。即使公司的规模不断扩大，但只要按照事业的目的，把公司划分成能够进行独立核算的组织，那么，就会不断涌现出具备经营者意识的领导和员工，就如同是中小企业的经营者。不仅如此，所有的"阿米巴"成员也都能够准确地把握各自的目标，并为完成这一目标而各尽其职，从而提高个人的能力，满怀激情地投身于工作。

"阿米巴"经营的前提条件就是公司必须具备一个具有普遍意义的经营哲学。京瓷的经营理念不是为公司的一小部分人而存在的，而是为作为公司"伙伴"的全体员工而设立的。正因为如此，员工们才会积极地参与经营，并为提升业绩不遗余力地努力。不仅如此，稻盛和夫还不断地向员工们阐述具备一颗"关爱之心、利他之心"的重要性。由于采取完全独立核算的制度，因此各"阿米巴"都会为提高自己的盈利而拼命努力。

在发现"阿米巴"组织的好处的同时，稻盛和夫没有忘记从哲学观点出发去分析事物的两面性。他注意到如果在各个组织内部采取独立核算，那么每个"阿米巴"肯定会全力以赴去提高经济效益，这样一来，对提高整个公司的生产效率和经济效益都很有益。然而，从另一方面来看，如果放任自流，各个组织之间就可能萌生不顾他人只为自己考虑的风气，各个组织之间将不是互相协作，而是彼此"拖后腿"，相互推诿扯皮，甚至你争我斗，过不了多久，公司在大量的内耗中就会难以维系下去。所以，必须解决如何保持公司向心力的问题，克服人性弱点，从而让"小集团"服从"大集体"的利益。

对此，稻盛和夫开出的处方是：回归创业原点，向员工们强调"大家族主义"的意义，并主张力排利己主义，反复陈述"关怀对方"和"利他主义"的重要性。他认为，作为同一公司的组织，既要互相关怀，同时又必须公平竞争，这才是企业活力所在，才是"阿米巴"经营模式的真谛。

当然，维持"阿米巴"经营模式和组织的和谐并非完全是靠精神的鼓励，在京瓷公司，统一意志和鼓舞人心的小型酒会经常举办，这种有效的沟通方式，使员工凝聚力大增，可谓稻盛和夫的一大发明。稻盛和夫在从总社到工厂的每个地方都让人准备了用于举办公司内部酒会的大房间。公司员工围坐在一起，喝酒谈天，忘记职位高低的上下级关系，感受"大家族主义"和追求心灵融洽的方式。

稻盛和夫的基本想法是：既然大家都是在公司这个命运共同体中生活的、情同家人的伙伴，就应该去掉俗世中自我保护的"面具"和

"铠甲"，这样才可以同心同德。员工们在共餐和宴会的气氛下，往往容易放开自己，变得宽容豁达起来，在这样的场合下促膝谈心和开怀交流的效果，要比任何单纯说教和粗暴批评都管用。而且公司干部率先参加，站到一般员工的生活高度看问题想对策，既加深了员工之间的关系，强化了"大家族"的纽带，又在不知不觉之间将公司的经营和哲学更加深入地浸透下去，让公司的经营理念在潜移默化中不断得到丰富和发展。

还有，京瓷公司在招聘新员工的时候，会把类似的小酒会作为进行面试的一环，在那里，接受面试的应聘者与公司招聘人员边吃边交谈，最后根据交流的结果决定聘用与否。由此可以看出，这样的酒会可以说是公司中人际关系的融洽剂，矛盾冲突的化解剂，工作问题的催化剂，思想团结的强化剂，事业前进的润滑剂。在京瓷集团的公司内部关系上，"变形虫"是促进公司发展必不可少的辅助工具。

稻盛和夫把公司分成几个"阿米巴"小中心，每个"阿米巴"都是小企业体，有自己的领导者或核心者。典型的"阿米巴"中心从公司外或是向其他"阿米巴"购买所需之物，并自己销售产品以取得利润，同时也要为其他人和顾客服务。每个"阿米巴"成员和领导者具有同样的热情，并自行评估"小时效率"，即成员平均每个工时创造的价值。几个"小阿米巴"又可组成较大的"阿米巴"，以此类推。京瓷公司就是个超大型的"阿米巴"，由分布于全世界的数千个"阿米巴"组成。

　　"阿米巴"管理模式是这样计算赢利的：一个生产性企业里的车间乃至某一条生产线，都存在着前后的工作顺序，做完上一个工作程序再做下一个工作程序，这就需要计算出每道工序在消耗的时间内所产生的价值和所花费的成本，这样就可以评估盈亏。如果每个最小单位都能赢利，那么最终公司肯定是赢利的。

　　使用这种管理方式还有几点要求：首先要做到工序最明晰，也就是把一项工作分解成一个个最简单的工序，形成一个最基本的"阿米巴"；其次要人数最少，也就是说，相对于一个工作量，用最少的必要人数来完成；还有，这个最小单位的小组的人数、组合可以随时变化。如果某一道工序的工作量增加了，最小单位的人数也会增加；如果产品的种类和工序发生了变化，这种最小的小组也要重新排列组合。

　　正是这种"阿米巴"式管理模式，让京瓷始终拥有巨大的凝聚力和活力。西口泰夫时代的京瓷，仍然贯彻这种体现团队精神和命运共同体思想的管理方式。他说："京瓷的这种做法使公司的全体员工都一样，只有工作地点的不同，而没有劳方和资方的差别，也没有员工国别的差异。"京瓷公司把"阿米巴"管理方式贯彻到了企业的每一个角落，这不仅使公司的生产效率不断提高，而且大大增强了员工对企业的归属感和向心力。

　　京瓷公司今天已经发展成为在日本国内拥有 13000 名员工的公

司，"阿米巴"组织也超过了 3000 个，这些"阿米巴"组织现仍然在随形势的变化而不停地增殖和变化。"阿米巴"经营模式是以京瓷哲学为基础的，它是京瓷哲学的重要组成部分，在实际生产过程中产生出强大的力量，推动公司发展，与稻盛和夫的经营思想和经营会计学一起支撑着京瓷集团的成长壮大。

2010 年 1 月 9 日，亚洲最大的航空公司——日本航空公司申请破产。且不论日航破产时的窘境，人们更关心的是日航破产的原因。日航的破产与金融危机、油价、突发事故和疫情密切相关，同时日本持续低迷的经济环境以及日本新干线的冲击也让日航元气大伤。但其破产的最大原因是自身体制僵化、缺乏良好的人才机制以及经营管理不善。

而日本"经营之圣"稻盛和夫接手日航后，却像一个"魔术师"一样，用一年多的时间让日航起死回生、重新上市。稻盛和夫的法宝就是利用"阿米巴"的经营模式，重视人的作用，培养具有经营意识的人才。

稻盛和夫通过一系列的管理改革，让日航重振旗鼓，他以身作则，从人心出发，改变了企业的命运。他的合伙思想，改变了员工的思想，激发了员工的利他之心，使日航员工全心全意通过日航平台为他人服务。员工们以日航为家，与日航荣辱与共，自然能为重振日航贡献出力量。

合伙思维中需要换位思考

在合伙制的全员参股企业中，领导者在管理中要做出有效和正
确的决策时，一定要换位思考，即决策者应有与下属换位思考的思
维。领导者在决策之前，要先问一下自己，"下属可能会怎么想"，
"普通职工能不能接受"。如果能经常做到，就会反思权力从何而
来，时刻提醒自己并不是高高在上的"老大"，自己不过是董事会选
举出来行使管理职能，而企业的成长则需要领导者与员工的同心协
力，领导者是与员工共同"抱团取暖"的合伙人，绝不能以权自居，
独断专行，反之，不换位思考，领导者做出的决策就会犯"脱离群
众"的错误。

善于换位思考是合伙制企业中合伙人的基本功和内在要求，因为
合伙有效的管理并不是为了维护自己所谓的正确或是威严而去命令员
工，而是要大家能齐心协力为事业在各自的岗位上充分发挥智慧和能

力的体现。事实表明，如果高层合伙人经常与下属换位思考，就会严于律己，以身作则，兢兢业业，一心扑在工作上，就会出现"班子"协力、中层得力、员工出力"三力合一"的大好局面。

1974 年年底，石油危机席卷全球，日本也受到巨大影响，第一次出现经济负增长，社会上甚至出现抢购卫生纸的风潮。京瓷这一年纯利下降 11.31 亿日元。对此局面，稻盛和夫把它当作"上帝给我们的考验"勇敢地接受了。他首先把营业员、部长、科长的工资削减了10%，并制订了严格的规章制度以求节省经费。然后，他站在员工的立场上考虑，宣布京瓷即使遭遇危机，也决不停工，决不裁员，因为他深知员工生活的不易。他把因产量减少而多余的人力全部编入总务部管辖之内，进行培训、学习。这样虽然订货量下降，车间人手减少，但每人做的工作量并没减少，工厂内紧张忙碌的气氛仍然存在，生产效率也没下降，而一旦订货量恢复，那些学习培训员工能迅速上岗进入增产体制。

稻盛和夫利用换位思考，对多余人员所采取的对策可谓一箭双雕，既让员工有绝对不裁员的安定感，同时又使员工明白不景气的事实，同时维持了生产现场的紧张感，使得京瓷在经济不景气结束之后能够马上恢复元气。

此外，稻盛和夫还把他这套换位思考的人才管理方式应用于美国的公司，也取得了良好的效果。1971 年 5 月，稻盛收购了圣地亚哥一家经营极差的工厂，工厂每个月都有 10 万到 20 万美元的赤字。工厂内员工零散操作，全厂一片混乱，死气沉沉。稻盛认为人的本质都一样，在京瓷推行的换位思维，在美国也应行得通。于是稻盛先从工人中选出50名似乎能接受京瓷换位思考方式的员工进行培训，并派原主管保曼担任厂长，希望他能够领悟京瓷的换位思维的真正含义。

可是工厂一开始运营，美国人和日本人之间思维方式的差异便开始显露，彼此纠纷不断，结果使工厂每月赤字上升到 20 万美元以上。原有的美国主管习惯于把他自己的意志下达给下属，而不习惯于站在下属的立场考虑问题。痛定思痛，稻盛和夫决定不顾美国人的反感，完全聘用日本干部来建立一个全新的美国公司，很快一个清一色由日本人组成的领导体制建立了起来。

"你们辛苦了!"这句话曾经令美国工人吓了一跳，但这句话背后所反映出来的年轻的日本管理人员愿意在生产线上与工人同甘共苦的诚意令人感动。他们穿和工人一样的制服，有时候还一起劳动，态度十分可亲，丝毫没有架子。美国工人们对这种态度非常赞赏并接受，自然而然地产生了认同感和团结一致的决心。企业的凝聚力是不可买到的财富。当工厂业绩逐渐好转时，稻盛和夫订了很多比萨饼拿到餐厅里和工人们一块儿吃饭。第二天，工人们就带着自己做的菜招待稻盛和夫。如此往来，就成了经常利用各种机会举办"联欢会"以加强双方沟通，凝聚力慢慢增强了。

领导者善于运用换位思维，对一个企业内形成人人善于换位思考的氛围起着关键作用。1973 年 3 月，美国这家工厂终于扭亏为盈，并且成长为京瓷公司在美国的桥头堡。

在美国的企业中，当换位思维方式被广泛接受之后，稻盛和夫又聘请了美国人米勒担任厂长，因为他始终认为：要想进一步成长，还需要美国人。但他此时却深信他的"心灵经营"已真正"移植"到美国了。毕竟，要想把来自不同民族、不同种族的人结合成一个紧密的团队不是一件容易的事情，而最困难的一点，就是将具有多元思维和道德观点有差异的人团结在一起，并将这些不同思想的人凝聚成一个整体。但凝聚不是一味抹杀区别，而是应当使他们的思维与领导者的思维不尽相同，在多样化中保持有所区别。这也正是稻盛和夫成功的原因。

成功的合伙人在管理中要做出有效和正确的决策，不但要学会与下属换位思考，还要学会与上级换位思考。如果经常问一下自己"如果我是上级，该怎样说、怎样做"，就不会只把眼睛盯住上级要这要那，就不会发牢骚，就不会目中无人我行我素。因此，领导者如果能经常这样对照检查自己，就会自觉地顾全大局，任劳任怨，体谅上级，理解下级。反之，领导者及下属如果不能很好地运用换位思维，不能体会上级的处境、下级的难处，就很容易发生上下级矛盾，产生隔阂，也就谈不上很好地工作了。有些人单独干会很好，可是在合伙团队中却苦于处理不好各种上下左右的关系，于是才干发挥不出来。所以，合伙的目的是要主动地与他人沟通，在沟通中不要争占上风，而应事事替别人着想，尽量换位思考，兼顾多方的利益。尤其是在谈话沟通时，不能以针锋相对的形式令对方难堪，而要充分理解对方。

美国玫琳凯化妆品公司的创办人玫琳凯女士就是一个利用换位思维待人处事的典范。她在创办公司之前，曾在多家直销公司工作，作为别人的部属，她非常清楚替别人工作是怎么回事。因此，她在准备出来自己创业时，曾发誓：要建立一套能够激发工作人员热忱的管理方式，绝对不让她曾经体验过的别人在管理上的错误在自己公司重演。在面对一位部属的时候，她总是先想到："如果我是对方，我希望得到什么样的态度和待遇？"而每当有人事问题必须解决的时候，她总是如此自问自己。而这样考虑的结果，往往是再棘手的问题都能迎刃而解。

争取理解别人，也是建立稳固关系的一种技巧。"你希望别人怎么对待你，就要怎么对待别人。"这句话被称为人际关系的黄金法则。站在对方的位置上，想一想对方的情绪和感受，我们会发现：如果我们能够认识到自己的情绪，常进行换位思考，去努力理解对方的处境和感受，那么，我们就达到了"处好"人际关系黄金法则的要求。而我们一旦理解了对方的处境和感受，就会说话办事采用合适的语言、行动，让他人体会到你的真心诚意。

纵观那些成功的合伙团队成员，他们总是善于进行换位思考，争取理解他人，不会把自己的观点强加给对方，这是高情商人士的基本功，也是高效率团队的必备技能。

重视激励，留住优秀的合伙人

创立企业和经营企业光靠个人努力是不行的，更重要的是靠智慧。而合伙就是要让"三个臭皮匠"顶一个"诸葛亮"，倘若员工都为企业的创立和发展献计献策，势必比靠老板一人的思维和智慧要高效得多，"众人拾柴火焰高"也是这个道理。

那么，如何把优秀的合伙人吸引到你的身边来，留住更多的有用人才，让员工同心协力，集合众人的智慧和力量，快速生产、传播产品和企业信息，尽快提升企业的人气和知名度呢？

日本"经营之圣"稻盛和夫十分重视对人才的激励，也非常关注员工的生活、工作和心理上的问题，这也是他为什么能够创立两家世界五百强企业的关键因素之一。

稻盛和夫经常鼓励员工：永远不要放弃梦想，把你们的梦想大声说出来。在他看来，要让心中的想法发挥力量，为人生和工作带来丰硕的成果，就必须首先编织一个"大的梦想"作为基础。

有一次，稻盛和夫看到公司里有些员工萎靡不振，似乎情绪并不是很高涨，他意识到这并不是一种好现象，会影响到公司的发展，于是，他召集了这些员工，用不温不火的语气说："你们进入公司的目的是不是为了实现心中的梦想？"

"是啊。"有的员工有气无力地回答，另一些员工三五一群窃窃私语。

"那你们是不是对'心中有梦'、'胸怀大志'之类的语句觉得不以为然了呢？你们是否觉得，每天应付生活所需就已经精疲力竭了呢，哪还有余力去谈什么梦想啊、希望之类的呢？"

这一次，员工们都默不作声了。稻盛和夫继续说道："我要告诉你们，能凭一己之力为人生开创局面的人，其最原始的出发点都必然在于他所拥有的大到近乎幻想的梦想，以及远远超乎现实的愿望。就我自己而言，能让我一路坚持下来的原动力，其实也是来自年轻时所怀有的远大梦想与崇高目标。当然，那时的我并没有什么具体的执行策略，对未来也不可能有十足的把握。在很多时候，那充其量不过是自不量力的梦想而已，但我愿意把梦想说出来，所以，我走到了今天，我也拥有了这个公司和你们。我信赖你们，我希望，你们也能够大声地将你们的梦想讲出来给我听，好吗？"话音刚落，台下响起了如雷的掌声。

除此以外，稻盛和夫还不断地利用各种机会与员工交流，比如，与员工聚餐，多次开会，一而再、再而三地鼓励他们，倾听他们的梦想，也与他们分享自己的梦想。他曾说："任凭你的梦想多么远大，一旦少了理想的驱动，就不可能实现。唯有内心强烈期盼，才足以帮助自己圆梦。因此，把梦想说出来，就是圆梦的必备条件。"就这样，稻盛和夫通过不断地与员工沟通，在公司上下形成了良好的氛围，而员工们则开动脑筋，为实现自己的梦想也不懈地努力着。

稻盛和夫从来没有中断和员工们之间的交流，即使是在最艰苦的时期，稻盛和夫也重视和员工之间的交流和沟通，他坚持每天深夜下班后，请部下和助手到附近的小酒馆喝上一杯，以示关心他们的生活和工作，并耐心听取他们的意见。

稻盛和夫在创办京瓷公司后，以极大的精力投入到与员工的交流之中。他把这种推心置腹的活动制度化，并定期举办公司"联谊会活动"，这在后来被称作是"京瓷特产"。"联谊会"在公司办得十分火热，后来甚至发展到一年办十余次，而且每次稻盛和夫都参加。在"联谊会"上，他手持酒杯，融入到大家当中，亲切地询问员工们的工作，了解员工们的问题。他坦诚地向员工说出自己的想法，并就员工的想法提出中肯的意见。

除了"联谊会"，公司每年还会举办欢迎新员工的典礼。典礼上，稻盛和夫通常会说："从今以后，你们就进入了社会，该轮到你们回报社会了。作为社会人，如果你们仍希望别人为你们服务，这样的想法是不对的。因为你们必须要学会为他人服务。"在稻盛和夫的心中，员工们不单单是劳动者，还是他亲密的同志和合作伙伴。

稻盛和夫之所以能够做到这一点，原因在于他深深明白人才的重要性，他始终认为：业主与雇员的关系，不应建立在雇佣与被雇佣的关系上，而应成为相互倾心的同志，并且为聚在一起所结成的命运共同体贡献，他在日本的企业界中最早引入了员工参股和股权激励机制，为企业招来大量的优秀技术人才。对于稻盛和夫而言，他认为企业最重要的在于三个要素：专业人才、金钱、技术，只要有这三项要素，企业就能经营下去，而在这三者之中，人才又是最重要的。他坚信：只要能将人才齐聚一堂，让大家团结一致，就一定能够成就大的事业，而这首先要求领导者必须有朴素、坦诚之心，把员工当成自己的家人一样关心他们，爱护他们，激发出他们的热情，这样，员工们才能把企业当成自己的家，才会为企业的共同愿景奉献出自己的一切。而他的成功经历也确实证明了这一点。

所以，在合伙制企业中，如何设计出合理而人性化的激励机制很重要，虽然不同的企业经营模式不同，但这种理念却是必不可少的，因为有了这种理念才能利用人才的合力为企业提供源源不断的发展动力。

创业时代，公开表彰凝聚人心

人才是企业的宝贵财富，而合伙制可以有效地吸纳人才、留住人才。马云说："下一轮竞争，不是人才的竞争，而是合伙人制度的竞争。"正因如此，合伙人制在解决人的问题上发挥了很大的效力，除了参股配股等物质激励之外，更善于用荣誉和表彰来凝聚人心，给予员工荣誉感和归属感。

进入新世纪，管理学上有这样一种说法：光靠金钱无法让人产生足够的动力。相比于传统的物质激励，企业对达到目标者不许以金钱，只给予荣誉和表彰，这种激励比金钱更容易让员工认可，因为公开的表彰会有更大的鼓舞人心的作用。

在我们的工作生活中，对金钱的作用并没有一个约定俗成的答案或者统一的标准，对有些人而言，薪资是为了生存；而对另一些人来说，薪资是衡量自我价值的尺度，是一种评价方式。也许，我们可以把钱形象地比作喷气机燃料，这种燃料危险、易爆、能量大，但把它灌入设计精良的飞机后就不一样了。同理，企业如果经营有方，又精心设计了一套完善的金钱等物质激励方案，也许更能调动员工的积极性，使企业业绩更上一层楼，但是，如同处理不当会让飞机因燃料加入过多立即爆炸，所以，企业光想着用钱来激励员工有时也会适得其反，会给企业带来恶性效应。

相比于金钱的物质激励，精神上的激励有时更能给人满足感和源源不断的动力。很多成功的企业都是通过实践印证了这点的。在企业中，除了引入合伙制奖励给员工一定的股份或股利分红，还会给予一定程度的公开表彰方式，比如在京瓷，对那些努力工作、创造了单位时间高额利润、为企业做出贡献的员工，公司会为他们召开庆功会给予表彰，除了高层管理者宣布对他们的物质奖励，上到董事会，下到普通员工，大家会共同向其表示敬意，他们会被称赞："那个部门的成员实现了优异的单位时间利润，为全公司的核算改善做出了巨大贡献。正是因为他们的努力，我们大家才能拿到更高的工资和奖金，所以我们应该一同向他们的功绩表示感谢。"

同样，在京瓷，对于企业的间接生产部门也是用这样的方式调动员工的积极性。所谓间接生产部门是指那些为直接生产部门提供支持的企业部门。京瓷的创始人稻盛和夫认为，正是总务、财会、原料等间接生产部门成员的辛勤工作，才使直接生产部门能够创造高单位时间利润，因此，对于那些为直接生产部门提供服务的间接生产部门的员工，也应该怀着感谢与尊敬来评价他们的工作。虽然这些部门无法适用单位时间这样的核算指标，但是对待这些部门员工们做出的成绩仍然应以公平的方式给予公开表彰和物质奖励。

通过这样的方式，京瓷虽然直接公开各个部门的业绩，但却不会因此在企业员工之间人为制造奖金与待遇差异，并且当企业整体业绩取得较大增长时，为了公平回报企业员工做出的努力，也会向全体员工发放临时性的奖金。

公司不是某一个人的舞台，而应该是让所有"参演者"都获得幸福的舞台。一个公司拥有先进的技术，即使具备较高的收益性，能够实现企业发展的成功跨越，但如果完全依循所谓的"合理主义"理念，将会难以持续激励员工的斗志和干劲，而真正能够长期发挥作用的激励模式则是一定的物质奖励+公开表彰。

在这里，要注意的是，评估、奖励、表彰，以及如何匹配它们需要慎重考虑。公平地进行奖励和表彰意味着规定标准绩效的定义和数值。而忽视某些成就、奖励或表彰低于标准的成绩以及给予奖励或表彰错误的权重，都会导致员工的沮丧、失望和不满。另外，非经济形式的表彰应该大量用于奖励员工。例如，通过在报纸上刊登或在社区报纸上发表文章奖励以及在大会上公开表扬等激励方式。

其实对于这一问题的探讨早在30多年前赫兹堡在《再谈激励员

工》一文中对金钱和激励之间的关系就提出过自己的看法。他指出，与工作满意相对的不是不满意，而是缺少满意感。同样，不满意的反面也不是满意，而是缺乏使员工产生抱怨的因素。他把体现在薪酬上的金钱归为后一类，也就是说，老板付给员工的钱只是为了让他们不要缺乏动力。

管理顾问奥菲·科恩也在《奖励是惩罚》一书中强烈反对仅仅利用金钱这种单一的方式激励员工。他指出，用金钱诱使员工提高业绩，纯属浪费且不利于提高生产率，这种奖励机制不能用于致力提供质优产品或服务的企业。

科恩认为，钱最多能避免一些问题的出现，但这并不意味着应该不惜资源为企业"买来"员工的高质量工作，或用金钱鼓励个人努力。

科恩认为激励员工理想的答案是，挖掘员工的内在动力，即每个员工内心都有一种把工作做好的欲望，能够激起员工内在动力的因素有：让员工在自己的工作中有发言权、管理层要尊重员工，而这些都能让员工有主人翁的满足感，最重要的是，要在员工创造了良好业绩之后给予公开的表彰，让他们得到成就感。

其实稻盛和夫的实践与科恩这套理论不谋而合。在京瓷公司，奖金和工资不与绩效直接挂钩，没有实行联动的办法。稻盛和夫认为，这种方法不足为取。究其根本在于，从人性角度来看，虽然当业绩上升，奖金也随之增加时，大家都会欢天喜地，但是一旦业绩下滑，奖金减少时，众人又必然会变得灰心丧气。这种完全依照部门绩效决定员工奖金数额的做法有些过于冷酷，它会让那些所属部门业绩低于预期的员工丧失斗志。与此同时，那些因为部门业绩一时超出而获得超额奖金的员工，一旦在下一次由于部门创利无法达到计划要求、奖金不再增加时，他们的工作积极性也照样有可能受到打击。所以在京瓷，对于创造了优秀业绩的部门，不是单以奖金来作为奖赏，而是对于他们所取得的成绩予以公开表彰，公司会向全体员工宣传他们的事迹，告诉所有人，"正是由于他们部门的努力，不仅提升了本部门的利润，同时还促进了公司整体利润的上升，使得公司全体员工的奖金额能够得到增加"，通过这样的方式，让员工们获得精神上的荣誉。

可见，有温度的精神动力远远大于冷冰冰的物质奖励，正如"留人要留心"，公开的表彰对于合伙制企业凝聚人心，提升员工的士气大大有益。

打造合伙企业中的特色文化氛围

优秀的企业文化塑造优秀的企业

创造优秀的企业文化是现代企业成功的关键。有了优秀的企业文化，才能调动全员为了共同的利益以合理的方式最大限度地创造价值。

杜克电力公司的宣传员曾多次下基层了解顾客对该公司的看法。他们倒不在乎顾客喜欢公司与否，只想知道顾客是否认为杜克电力公司是否具有商业伦理、诚实无欺；它是否爱护环境，且对顾客有求必应。杜克电力公司曾做过一个调查，让顾客根据18个企业特质对其进行评定，目的就是想了解自己公司的信誉。

杜克电力其实是处在一个毫无竞争的管制行业中，但为什么还如此关心信誉？公司副总裁兼交流总监褒曼说道："因为竞争已经逼近，企业名称及其创造的信誉是使企业脱颖而出的唯一方法。"

褒曼的话千真万确。在当今市场，从剃须刀到远程服务，每样东西都已成为商品。由于各企业之间的产品价格、所采用技术及产品性能几无差别，因此，企业信誉成为决定顾客购买取向的决定性依据。

尽管如此，仍有一些企业并不把信誉管理当回事儿。它们喜欢谈的是形象营销。那么，此二者之间有何区别？

形象营销仅指企业如何在顾客心目中树立自己所期望的形象，它是由企业内部来影响企业的外部环境，反过来，企业的信誉则掌握在那些最终决定一个企业成功与否的顾客们手里，也就是说，企业的信誉相比于营销而言，是企业的一种软性指标和无形资产，也可以说是一种企业文化。企业都想拥有良好的形象，比如，苹果电脑公司有一个阶段它竭力维护自己的良好形象，最终却因缺乏创新和推不出新产品的不良名声而使其形象受损。由此可见，信誉终究会取代形象。

花哨的包装或漂亮的广告词赢不来信誉，一场精心策划的宣传活动也无法造就企业良好的形象。企业所做的每件事，从员工管理到处理顾客投诉，都会提高或毁掉自己已建立起来的信誉和整体形象——因为这些都与企业文化紧密关联。

为了认清信誉对企业财务成功的重要性，让我们来看看可口可乐和宝洁公司等一向信誉可靠的公司是怎样做的。这两家公司去年对股东的回报率分别为46%和36%。相比之下，美商万通公司对投资者的回报率则是-125%，一份对11万名经理人、董事及分析人员的独立调查显示，该公司信誉不佳。

通过以上分析，可以看出，只有用优秀的企业文化才能塑造优秀企业良好的外在形象。再从企业内部来看，企业文化是一种软性的管理方式，它主要从一种非理性的感情因素出发，来充分调动企业中每一个员工的积极性和主动性；又通过精神上的趋同而导致行为上的一致，把企业建设为团结奋发的集体。

企业文化是一种黏合剂，它是企业上下全体职工的内在的认同。这种认同是基于：

其一，企业文化是企业员工在长期生产经营实践中所形成的共同价值观与行为准则，它已深深地烙印在企业的每个成员心目之中，成为他们自觉意识和自觉行为的一部分。

其二，在企业文化的熏陶下，企业所赢得的成就和声誉，饱含着每一个为之奋斗的员工的心血与汗水，企业有成绩会使他们为之自豪，而这种荣誉感与归属感是紧紧连在一起的。

其三，在企业的日常生活中，企业文化的建设大大改善了人际关系，领导与员工之间、员工与员工之间互相关心，互相爱护，情感交融，亲密相处，使企业成员对企业产生一种家的依恋之情。这种依恋之情久而久之就形成了人们的一种心理上的归属感和感情积淀。正是在员工中形成的认同感、荣誉感、归属感和依恋之情，使企业产生了强大的磁石效应，最终形成企业巨大的向心力、凝聚力。

同时，企业为保证生产经营活动的有序性，不仅依靠纪律和各项规章制度约束着企业员工的行为，还通过许多无形的文化氛围来规范企业员工的活动，诸如依靠道德观、义务感、责任感、荣誉感、归属感等。虽然为了保持正常的生产经营活动，现代化企业不能没有规章制度，但经验表明，单纯依靠规章制度从外部保持生产经营秩序是远远不够的，正如国家要在依靠法律规范来强制约束社会成员的行为之外，很大程度上主要是借助社会道德观念来协调社会成员之间的关系以保持正常的社会秩序一样，企业也主要依靠思想意识和文化观念维系企业员工的感情，形成向心力、驱动力和约束力，提高员工的自觉性和自我约束的能力，保持企业内部的各种要素间的相对平衡。

好的企业文化氛围可以引导员工的劳动态度和行为取向。一般来说，有着优秀的企业文化的企业，它的硬约束——规章制度的强制作用越小，员工的自觉性越高，企业风气越好，生产效率越高。

毋庸置疑，企业文化还有着塑造良好的企业形象的作用和促进员工成长的功能。企业文化发展了，一方面可以为企业的发展提供精神动力，促进企业效益的提升；另一方面，在优秀企业文化的感召下，通过企业员工素质的提高，可以促进企业整体文化水平的提高，提升企业的社会影响力和知名度，提升企业的综合形象。世界上许多知名的百年企业，如德国的西门子、奔驰、宝马公司，中国的同仁堂等老字号，无一不是拥有着传承百年的优秀企业文化。

优秀企业文化不但有助于塑造优秀的企业，还有着巨大的社会效益，对整个社会成员综合素质的提升有着重要的促进作用。

有特色的企业文化利于企业发展

企业要想基业长青，建设有特色的企业文化尤为重要，因为这样才能增加企业文化的渗透力，让每个员工心中形成为企业奉献的职业精神感。

Intel 日本公司不仅靠公关立足于当地市场，还成功地将美国和日本文化要素融为一体，创造了独特的企业文化。Intel 日本公司拥有 500 名左右的员工，其中绝大部分是日本人，然而该公司却拥有 70%~80% 的 Intel 文化，20%~30% 的日本文化，这的确来之不易。

公司为了渗透其 Intel 文化，将每个员工的名片上印着公司的六条价值观：面向结果、面向顾客、纪律、舒畅的工作、冒险和质量。在这六条价值观中，有接近日本企业文化的价值观，如"质量"和"面向顾客"这较易使人领悟的条款，也有一般日本人难以接受的价值观，如"冒险"和"面向结果"。

Intel 日本公司还欣赏一条观念叫"建设性对抗"。"建设性对抗"的要点常被人误解，其实它不是指面对问题，或员工之间树立对抗情绪，而是指发现问题要快速处理问题，要把问题拿到桌面上来讨论，允许各抒己见，寻求解决问题的最优策略。公司鼓励员工尽早发现工作中的问题，不管这个问题是不是该由你负责，还要乐于参加讨论，在争论中寻求解决问题的办法。

Intel 日本公司经常面临着文化冲突的矛盾，所以将两种文化融为一体非常关键。前总裁 Hove 先生曾说他花了近 30 年的时间去明确、理解文化交叉问题，在他举行的高层干部会议上经常将两种语言一齐使用，随讨论问题的不同而使用不同的语言。因为公司在日本，必须面对日本的顾客和供应商，他们不愿接受 Intel 文化；另一方面，同本公司和全球其他 Intel 公司协作，又必须按照 Intel 特有的工作程序办事，也就是说日本公司要接受 Intel 文化，而使用不同的语言就是把员工带入不同的文化氛围。

在 1990 年，386 微处理器开始进入日本市场，可以说 386 为日本个人电脑商接受之日，正是 Intel 日本公司成长壮大之时，因为 386 是 Inte1 日本公司唯一的供应商，不像 286 芯片，有两个供应商。除了个人电脑市场，公司还向半导体领域迈进，如 8096 具有 16 个字节的微控制器以及快速的 EP-ROM（可擦除、可编程的只读存储器）。

在实施文化战略时，还有一个挑战就是怎样为公司塑造独特的公司形象。公司开始实施有名的"Intel in it"方案(该方案现在即是全球范围的"Intel inside"营销方案)。这个方案是怎样提出来的呢？由于日本公司有排外情绪，而 Intel 公司是美国公司，在招聘以及"拉拢"客户方面存在着严重的问题，所以如何塑造一个鲜明的公司形象极为重要。

公司请了有名的广告公司作为代理，提出了"Intel in it"的概念。它的基本出发点是 Intel 日本公司不是一个微处理器公司，而是一个半导体公司。公司能为多种产品生产半导体器件，例如个人电脑、打印机传真机、小汽车等。广告公司认为 Intel 日本公司应笼络日本的大客户，像 Nissan、NEC 等大公司一样。最终，为这些大公司生产配件而提出的"Intel in it"方案，很快使公司形象进入了日本人的心中，这个计划的确是出奇制胜。

计划一旦确定，Intel 日本公司又开始同东芝公司接触，当时东芝是笔记本电脑的市场领先者，但它仍然在使用 286 芯片。显然，若东芝能够选择 Intel 公司的 386 芯片用于其笔记本电脑，公司很快就会声名远扬。经过几星期的磋商，东芝终于为其新生产的 Dyna Book 笔记本电脑制作了广告词"Intel in it"，Intel 日本公司的形象很快借东芝的名声而闻名。事实上，Intel 日本公司已为自己的微处理器创造了响亮的品牌，这就是 386 以及后来的 486、奔腾处理器。在后来的市场调查中，Intel 日本公司逐步了解到，"Intel inside"较"Intel in it"更适合日本文化，这就是今天闻名全球的 Intel 日本公司的形象标志 Intel inside 的由来。

可见，充满渗透力的企业文化要与企业自身特点整合，才能形成巨大的张力，这种张力虽然是无形的，但却又是实实在在能产生效益的，这种企业文化能够给予员工精神动力和全心全意为企业奉献的使命感、责任感，甚至远远胜过金钱等物质激励。

在合伙制企业中，建设有特色企业文化十分重要，因为有特色也是建立在上下一心、同心同德的基础上，尽管每个企业规模不同，运营模式各异，产品不一样，但不管大小企业，建立自己的有特色企业文化一定是必需的。

企业文化要时时更新

传统企业一般实行的是职能化组织管理，在员工的意识中，自己属于哪个部门就对哪个部门的事务负责，其他部门如果需要自己配合其完成工作，需要经过本部门主管的认可，如果不认可，就不能协助。这样的结果就是员工只顾部门利益而不顾企业整体利益，个别部门组织结构臃肿、企业管理滞后，部门之间即员工之间缺乏沟通与合作，员工之间、部门之间隔着一道道"墙"，企业高效运作遇到障碍，企业不能顺畅运行。

在合伙制企业中，看不见的企业文化——标准、价值、信仰是决定绩效的主要激发媒介，因此也更显示出其优越性。

通用电气公司的首席执行官杰克·韦尔奇是世界上最著名的建立企业文化的提倡者。他带领通用员工走向"快速、简单、自信"之路。在他的领导下，通用减少了层级繁复的官僚体系，但领导权不断扩充。而企业文化原有的控制导向色彩转淡，变成以个人导向和决策的制定为中心。

汤姆·却普和凯蒂·却普夫妻于 1970 年合创了"缅因州的汤姆"公司，这是一家具有领导地位的天然个人保健产品公司。"缅因州的汤姆"是美国第一家生产无污染的液体清洁剂公司，一开始它的战略就是尊重人性的尊严。公司的任务是只生产天然产品，这种远见使它在天然个人保健产品中超越群伦。公司致力于尊重人性、大自然与社会成员。而汤姆·却普夫妇和客户和员工建立起一种特别的"你我关系"企业文化。

1975 年该公司生产第一支天然牙膏，至 1981 年销售额达 150 万美元。公司为了追求更好的远景，后来展开了为期 5 年的"成长"计划，至 1986 年销售额"成长"到 500 万美元。尽管取得成功，汤姆·却普仍觉得似乎还少了什么。为了寻求更崇高、更艰难的任务，他到哈佛大学求学，探讨哲学与伦理。在求学过程中，汤姆开始领略到自己和协助公司营运的 MBA 企管硕士之间的紧张关系，因为他们注重数字，而他更重视人的心灵。

汤姆为了调解数字和心灵之间的冲突，集合了所有资深主管，与他们一起拟定公司的信念和任务。最后他们一致同意，公司担负起社会责任并对环境随时保持警觉，而这种企业文化一样让公司在财务的数字上有所上升。

公司全新、清晰的定位和任务对财务助益良好。截至 1992 年，公司销售额已增加 31%，利润则增加 40%，并进入新的市场，而旧市场的占有率也增加了。1995 年，公司销售额近 2 000 万美元，利润破纪录，而公司将 10% 的税前利润，捐赠给了非营利团体以服务社区。

汤姆对于提升人心灵方面的事务一直放在心上，后来他引进退休储蓄和利润分享计划，提供教育补助、托儿服务，以及提供有子女的员工额外的假期。公司利用回收资源包装商品，不使用动物做试验，这些价值观更加强化了公司的竞争优势。

汤姆不被市场牵着鼻子走，持续创造与客户有关的产品并让公司得到突飞猛进的发展，得到全公司上下的赞扬。1995 年，公司收到美国牙科协会颁发的三种受欢迎牙膏的认证印章，这对天然产品业是项创举。而汤姆之所以能得到认证印章，是因为他对客户和牙医的负责。

汤姆说，他的愿景是帮助员工将产品实现，但他也说，没有经过思考与理性探讨，愿景往往无法成真。结果与计划是不可或缺的，但若没有预先拟定任务，管理人员永远无法去搜集有效战略所需的信息。人们深信直觉与创造的力量，而创造力是一个公司成功的关键。公司在发展过程中，可以接受诚实的错误，但必须对工作有胜任力。

为了开阔视野、刺激公司成长和激发员工的创造力，公司在"成长、全球化、团队"的旗帜下，展开了企业文化的改革。此举不仅改变了、更新了企业文化，还使由上至下的系统导向式管理获得成功，这些改革对公司业务的销售影响极大，四年里总销售从 27% 上升至 37%。

可见，看不见的企业文化对企业的影响有多么重要，现代企业文化必须是顺应潮流的，绝不能一成不变。企业文化是凝聚人心的法宝，也是让员工为企业创造更多绩效的动力。

"情感管理"使企业同心戮力

优秀的企业文化是一双潜在的手，无时不在、无处不在，不但能与时俱进的发展，也能使公司传承延续，更能不断地激励员工为企业的发展竭尽全力、不懈奋斗。

如今的职场主力军是 80 后和 90 后，他们都有着较强的个性。虽然很多人工作是为了赚钱，但除了赚钱之外，他们还有情感上的追求，需要信任和尊重，渴望能取得更大的进步和长远的发展。而这些正是传统企业中的"老板"所看不到的、所顾及不到的。一般来说，老板往往觉得员工就是为了钱而工作，出高薪肯定能挖到人才、留住人才。实际上，很多公司从上到下冷冰冰的，除了加班加点工作再无其他。这样的公司，虽然人才拿到了沉甸甸的钞票，但整日闷闷不乐，也不能长期留在企业。所以，只有精通"感情管理"的老板，才能激发员工的工作激情，才能让员工有合伙的感觉，老板与员工上下同心，共同维系企业的发展。

合伙思维强调，有效的领导就是以合伙人团队最大限度地影响追随者的思想、感情乃至行为。作为领导层，仅仅依靠一些物质手段激励员工是不够的，因为这样不着眼于员工的感情，所以，管理者与员工进行思想沟通与情感交流是非常必要的。现代情绪心理学的研究表明，情绪、情感在人的心理生活中起着组织作用，它支配和组织着个体的思想和行为，因此，"感情"管理应该是合伙人团队管理的一项重要内容，而尊重员工、关心员工是搞好人力资源开发与管理的前提与基础，这一点对合伙人型的企业尤其重要。

美国著名的情绪心理学家拉扎勒斯提出，当面临的事件触及个人目标的程度是所有情绪发生的首要条件，当该事件的进行促进个人目标的实现时，会产生积极的情绪情感，反之，则会产生消极的情绪情感。目标是一个人追求的一种生活境界，它表现为个人的理想、愿望、对未来生活的一种期盼。一般来说，人存在三类心理目标：与生存有关的目标、与社会交往有关的目标、与自我发展有关的目标，简称为生存目标、关系目标、发展目标。如果某些管理行为能够促进员工的个人目标向预期的方向发展，就会产生积极的情绪情感；反之，就会产生消极的情绪情感。

下面我们分析一下美国斯特松公司的案例有利于我们更好地认识这一点。

斯特松公司是美国最老的制帽厂之一，1987年时公司的情况非常糟糕：产量低、品质差、劳资关系极度紧张。此时，当地的一位管理顾问薛尔曼应聘进厂调查。他的调查结果显示：员工们对管理层、工会缺乏信任，员工彼此间也如此。公司内的沟通渠道全部堵塞，员工们对基层领班更是极度不满，其中包含了偏激作风、言语辱骂、不关心员工的情绪等问题。高层们了解后开始倾听员工们的心声，认清问题所在，加之薛尔曼开始实施一套全面的沟通措施，在4个月内，不但使员工憎恨责难的心态消失，同时员工们也开始表现出团队精神，生产能力也有所提高。感恩节前夕，薛尔曼和公司的最高主管亲手赠送火鸡给全体员工，隔天收到员工回赠的像一张报纸那么大的签名谢卡，上面写着：谢谢尊重我们。

美国著名的管理学家托马斯·彼得斯曾大声疾呼：你怎么能一边歧视和贬低员工，一边又期待他们去关心质量和不断提高产品品质！他建议把能激发员工工作激情当成一个领导人的"硬素质"，并且要晋升这样的人：在他们没当领导之前，能在他们的同事中激发工作热情；当了领导后，在他们的下属中，甚至是在其他部门的同级人员中，激发热情、热心与积极性。

通用电器公司的管理经验也表明："情感"管理方式创造了员工与企业之间的相互信任，从而更有利于提高劳动生产率。该公司认为"情感"管理要由以下要素构成：理解雇员心理、培养企业大家庭氛围、公司内民主、坚持员工第一等，让员工认为是在为自身利益而工作。

美国皇冠牌瓶盖公司是一家国际性大公司，因经营不景气，被约翰·柯纳利收购，并自任合伙人团队的最高领导。

柯纳利就任合伙人管理者的第一天，一上班，首先映入眼帘的是一群公司守卫人员，在守卫室里兴高采烈地玩扑克，他们那种不尽职的态度，使柯纳利深感绝望。他从没有想到，一个国际性公司，竟会如此散漫，再看其他部门也是这样，甚至生产部门也有如此气氛。

那么，如何扫除充溢于公司各个角落的散漫风气，激发员工的干劲呢？

柯纳利认为："不能产生更好效果的工作，任他是谁也无法激起热忱，更不会抱有责任感。因为不赚钱的工作，本来就缺少引人热衷的魅力。为了使每个人产生热忱，贯彻他们的责任感，首先便要整顿工作环境与条件，这是绝不能犹豫或迟缓的。"他毅然决然地采用了新的人事政策，重新调整编制，调整员工的工作岗位，使人人都有专责，同时让大家都认为是为自己的"利益"而工作，这样，员工们也就没有时间和兴趣打牌或玩忽职守了。

公司的塑料容器部门的产品原先是毫无销路的滞销品，该部门的技术人员可以说是消沉至极，但自从柯纳利的"新人事"政策实施以后，这批技术人员得以转换工作部门，重新激发起他们的士气和干劲。他们为洗雪前耻，加班加点，拼命地攻关研发新产品，由往日的消沉变得朝气蓬勃。

仅仅过了几个月，皇冠牌瓶盖公司的全体员工就都充满了蓬勃的生气，再也看不到过去那种散漫场面了。在公司的角落里也找不到玩扑克的人，不合格产品显著地减少，连那长年营业不振的"制罐"部门也士气高涨。后来，公司又引入了股权激励机制，以股份分红作为奖励为公司做出重大贡献的优秀员工，就这样，在柯纳利的"情感"管理下，公司形成了朝气蓬勃，创新进取的企业文化，最终发展成为美国的知名企业，并吸引和培养了一批批热爱企业、忠诚于企业的员工和合伙人。

弘扬企业精神，助力企业发展

很多知名的成功企业强调弘扬企业精神，维护企业家园，并把企业精神深深灌输到每个团队成员的心灵中。

松下电器公司是世界上有名的电器公司，是日本第一家用文字明确表达企业精神或精神价值观的企业。松下幸之助是该公司的创办人和领导人。"松下精神"，是松下及其公司获得成功的重要因素。下面我们就来看看松下电器公司是如何把"松下精神"植根到员工的内心中去的。

1. "松下精神"的形成和内容

日本 1984 年经济白皮书写道："在当前政府为建立日本产业所做的努力中，应该把哪些条件列为首要的呢？可能既不是资本，也不是法律和规章，因为这二者本身都是死的东西，是完全无效的。使资本和法规运转起来的是精神……因此，如果就有效性来确定这三个因素的分量，则精神应占 5/10，法规占 4/10，而资本只占 1/10。"

松下公司是这方面的典范，"松下精神"并不是公司创办之日一下子产生的，它的形成有一个过程。松下公司有两个纪念日；一个是 1918 年 3 月 7 日，这天松下幸之助和他的夫人与内弟一起，开始制造电器双插座；另一个是 1932 年 5 月，松下幸之助开始理解到自己的创业使命，所以把这一年称为"创业使命第一年"，并定为正式的"创业纪念日"。这两个纪念日表明，松下公司的经营观、思想方法是在创办企业后的一段时间才形成的。直到 1932 年 5 月，在第一次创业纪念仪式上，松下电器公司确认了自己的使命与目标，并以此激发职工奋斗的热情与干劲。松下幸之助认为，人在思想意志方面，有容易动摇的弱点。为了使松下人为公司的使命和目标奋斗的热情与干劲能持续下去，应制定一些规章制度，时时提醒和警诫自己。于是，松下电器公司首先于 1933 年 7 月，制定并颁布了"五条精神"，其后在 1937 年又议定附加了两条，形成了松下"七条精神"：产业报国的精神、光明正大的精神、团结一致的精神、奋斗向上的精神、礼仪谦让的精神、适应形势的精神、感恩报德的精神。

2. "松下精神"的教育训练

松下电器公司非常重视对员工进行精神价值观即"松下精神"的教育训练，教育训练的方式可以作如下的概括：

一是反复诵读和领会。松下幸之助相信，把公司的目标、使命、精神和文化，让员工反复诵读和领会，是把它铭记在心的有效方法，所以每天上午 8 时，松下公司遍布日本的 87 万名员工同时诵读松下"七条精神"，一起唱公司歌。其用意在于让全体员工时刻牢记公司的目标和使命，时时鞭策自己，使"松下精神"持久地发扬下去。

二是所有工作团体成员，每一个人每隔一个月至少要在他所属的团体中，进行 10 分钟的演说，说明公司的精神和公司与社会的关系。松下认为，能说服别人就可说服自己。在解释"松下精神"时，松下有一名言：如果你犯了一个诚实的错误，公司非常宽大，把错误当作训练费用，从中学习；但是你如果违反了公司的基本原则，就会受到严重的处罚——解雇。

三是隆重举行新产品的出厂仪式。松下认为，当某个集团完成一项重大任务的时候，每个集团成员都会感到兴奋不已，因为从中他们可以看到自身工作的价值，而表彰便是对他们进行团结一致教育的良好时机。所以每年正月，松下电器公司都要隆重举行新产品的出厂庆祝仪式。这一天，员工们身着印有公司名称字样的衣服大清早来到集合地点，而作为公司领导人的松下幸之助，常常即兴挥毫书写清晰而明快的文告，如："新年伊始举行隆重而意义深远的庆祝活动，是本年度我们事业蒸蒸日上兴旺发达的象征。"在松下向全体员工发表热情的演讲后，员工们分乘各自被分派的卡车，满载着新出厂的产品，分赴各地有交易关系的商店。商店热情地欢迎和接收公司新产品，公司员工们则拱手祝愿该店繁荣；最后，员工返回公司，举杯庆祝新产品出厂活动的结束。松下相信，这样的活动有利于发扬"松下精神"，统一员工的意志和步伐。

四是"入社"教育。员工在进入松下公司时都要经过严格的筛选，进来后由人事部门开始进行公司的"入社"教育。首先要郑重其事地诵读、背诵"松下宗旨"、"松下精神"，学习公司创办人松下幸之助的"语录"，学唱松下公司之歌，参观公司创业史"展览"。为了增强员工的适应性，也为了使他们在实际工作中体验"松下精神"，新员工往往被轮换分派到许多不同性质的岗位上去工作。所有专业人员，都要从基层做起，每个人至少用3~6个月时间在装配线或零售店工作。

五是管理人员的教育指导。松下幸之助常说："领导者应当给自己的部下以指导和教诲，这是每个领导者不可推卸的职责和义务，也是在培养人才方面的重要工作之一。"与众不同的是，松下有自己的公司"哲学"并且十分重视这种"哲学"的作用。"松下哲学"既为"松下精神"奠定思想基础，又不断丰富"松下精神"的内容。按照松下的"哲学"，企业经营的问题归根到底是人的问题，人是企业最为宝贵的财富，人如同宝石的原矿石一样，经过磨制，一定会成为发光的宝石。每个人都具有优秀的素质，因此，要从平凡人身上发掘出不平凡的品质。

松下公司实行终身雇用制度，认为这样可以为公司提供一批经过二三十年锻炼的管理人员，这些人员会成为发扬公司传统的可靠力量。为了用"松下精神"培养这支骨干力量，公司每月举行一次干部学习会，互相交流、互相激励，勤勉律己。松下公司以总裁与部门经理通话或面谈而闻名，总裁随时会接触到部门的重大难题，但并不代替部门作决定，也不会压抑部门管理的积极性。

六是自我教育。松下公司强调，为了充分调动人的积极性，经营者要具备对他人的信赖之心。公司虽然应该做的事情很多，但是首要一条，则是经营者要给员工以信赖。人在被充分信任的情况下，才能勤奋地工作。从这样的认识出发，公司把在员工中培育"松下精神"的基点放在自我教育上，认为教育只有通过受教育者的主动努力才能取得成效。上司要求员工要根据"松下精神"自我剖析，确定目标。每个松下人必须提出并回答这样的问题："我有什么缺点？""我在学习什么？""我真正想做什么？"等等，从而设置自己的目标，拟定自我发展计划。有了自我教育的强烈愿望和具体计划，员工才能在工作中自我激励，思考如何创新，在空余时间自我反省，自觉学习。为了便于互相启发，互相学习，公司成立了研究俱乐部、学习俱乐部、读书会、领导会等业余学习组织。在这些组织中，员工们可以无拘无束地交流学习体会和工作经验，互相启发、互相激励奋发向上的"松下精神"。

毫无疑问，"松下精神"成为公司发展的内在力量。"松下精神"，作为使设备、技术、结构和制度运转起来的科学研究的因素，在松下公司的成长中形成，并不断得到培育、发展、强化。它是一种内在的力量，是松下公司的精神支柱；它具有强大的凝聚力、导向力、感染力和影响力；它是松下公司成功的重要因素。这种内在的精神力量可以激发与强化公司成员为社会服务的意识，激发员工懂得企业整体精神和热爱企业的情感；可以强化和再生公司成员各种有利于企业发展的行为，如积极提合理化建议、主动组织和参加各种形式的改善企业经营管理的小组活动，工作中互相帮助、互谅互让，礼貌待人、对顾客热情服务，干部早上班或晚下班，为下属做好工作前的准备工作或处理好善后事项等。

合伙就是同呼吸共命运

一个企业，文化的凝聚力是企业生存与发展的基本保证。当员工把自己的命运同企业的命运紧紧联系到一起的时候，就会充分体现企业的凝聚力。而企业有了这样的凝聚力，就可以克服任何前进、发展中的困难。

即使最好的公司也会有陷入困境的时候，这些困境可能是由于外界的力量所引起的。例如，新技术的出现，竞争者的新技能或创新产品出现；经济不景气甚至影响出口市场，减少国际利润的美元汇率等；但更多情况下是公司内部的原因造成的，如一种纪律的失败、战略性的错误、组织上的"动脉硬化"等。

唐纳森·勒夫金和詹雷特（DLJ）公司就经历了由兴盛到衰落，最后成为卓有成效的公司的过程，这种过程生动地说明了：失败并不重要，关键在于你怎样去面对它。企业不能被失败所吓倒，坚持下去就会是成功者。

历史证明，成功的公司不是没有遭遇过低谷和衰退，重要的是怎样在逆境中求生存，也就是怎样在不利的客观环境和自己的错误中显示自己的突围能力和智慧，并取得经验教训，最终成功。

DLJ 公司自从 1959 年由一个二十几岁的哈佛商学院的毕业生创立以来，一直作为华尔街的"优秀先锋"受到称赞。正如该公司的总裁约翰·卡斯尔所说的那样："投资银行的成功是占据正确的市场空隙的结果——而 DLJ 公司找到了合适的市场空隙。"DLJ 公司作为风险资本和其他投资银行及投资管理服务的创新者，它最初的目标是放在机构投资者身上，然后开始建立巨大的能赚钱的部门。各部门的经理热衷于对尖端科学的研究并为此多花费资金，而 DLJ 公司不仅支持，而且投放资金很多。1970 年，DLJ 公司以与众不同的方式进行改革，成为华尔街第一个公开发行股票的金融公司。

但是在 20 世纪 70 年代中期，DLJ 公司遇到困难，在 1970 年到 1977 年的五年间利润下降了 3 次，在 1974 年甚至出现巨额亏损。以卡斯尔的观点来看，华尔街市场萧条只是 1973 年开始的 DLJ 公司发展史上的大倒退的部分原因。他说："在最初 15 年内取得的巨大成功使我们过于自信，这种战无不胜的感觉也是 70 年代中期失败的部分原因。我们获得了巨大成功，因此我们认为能够抵挡所有金融服务市场的竞争对手，这使我们犯了严重的错误。我们决定在投资银行、固定收入者和零售经济业务等成熟部门迎接强大对手的挑战，结果对宝贵资源进行了不明智的分配。总之，我们忽略了我们擅长什么，而误入了危险的竞争战场。""当公司的复杂性和可变性增长的时候，我们没有建立起必要的管理制度来对付创造力、个人自由发展和专业人员的创新所带来的新问题。以上这些优点对我们公司都是有益的，但是我们缺少基本的纪律使这些优点得到更好的发挥，于是未能在遇到困难时继续保持获利能力。"

后来 DLJ 公司在解决这些问题时使用了如下的方法：把战略重点放在新开辟的市场上，并使纪律和企业的能力之间保持较好的平衡。虽然完成这项调整工作用了几年的时间，但从 1978 年以后，该公司连续多年创造了良好的记录。

DLJ 公司重新估计它的力量，并且注意了解投资趋势，来决定公司把注意力集中在哪里才能保持独特的风格。为建立对投资研究的领导地位，DLJ 公司发现把投资管理作为新市场是它能获得显著成绩的一条途径，它这样做了。一方面 DLJ 公司在华尔街管理着差不多一半非信托公司的员工的福利费和类似的基金，另一方面它在小型特殊市场上恢复了经纪业务、大宗物资交易和投资等业务。结果，它在这一市场上建立和维持了它的市场领导地位。

为了突出 DLJ 公司的战略重点，卡斯尔和董事长迪克·詹雷特（1973 年以后还留在这个公司的三个创办人之一）开始和他们的同事一起加强公司的基本管理纪律。他们发展和设立了一套利润责任和控制制度，以补充 DLJ 公司的传统自由和企业精神。其中最重要的步骤是每月对全行业进行一次严格的营业检查。这包括每个事业部写出一份内容详尽的报告和每月召开一次"成效检查会"。

各事业部经理们无论多忙，也得参加这些会议。在会上，DLJ 高管分析每一个部门的营业进展情况以及检查为实现上一个月会议所定的计划所要采取的措施。高管们还要检查一系列详尽的盈亏报告。卡斯尔说："我们每个月要仔细审阅两英尺厚的盈亏报告，这简直像个流水账的深渊。但它却使我们真正了解了我们企业的每一个单位在做什么。"他说："正因为我们高度强调通过保留一系列小的、经营自由的企业单位来维持 DLJ 公司的创造力和工作热情，所以每月一次的检查可以保证使每个单位的主管了解高层领导所管辖的业务范围。于是各单位主管会更加严格地开支，并力求达到预期的产销和利润指标。"

另外，该公司还采取了一套奖励措施，即合伙人可因发展企业和控制成本做出成绩而得到一大笔奖金。这从某种程度上来说，通过奖励制度让员工拥有了企业的一部分股票。

"我们还有标准成本控制目标，以保证减少那些非生产性开支。在任何时期，我们必须对正在进行的业务项目都做业务记录，每种记录都有对一个或几个业务部门的检查，特别是那些没有完成计划或者最近遇到困难的部门，这套制度我们自 1979 年开始实行，成效很好。"

DLJ 公司每年还认真执行一套战略性计划，其中包括各种应变方案，各经理可用这些方案来面对各种意外情况。这些计划特别注意困难时期遇到的问题(1982 年初，当占有市场急剧减少时，他们曾应用上述方案)。卡斯尔认为，这套计划能帮助 DLJ 公司掌握经营重点，并可避免公司重新失去其在市场中的有利地位。

由于重整旗鼓，该公司员工的工资在 1978 年和 1984 年之间有了大幅度提高，DLJ 公司的利润增加了 100% 以上。

当遇到困难时，成功的企业不能搞"歪门邪道"，必须通过积极构建符合企业实际的特色文化来调整改革企业，把企业文化变成员工的自觉行动，不断推动企业朝持续健康的道路发展。

通常来说，应对危机存在的公司，或管理成效较好的公司，都要贯彻"合伙"思维，发动全员力量来迎接挑战，而下面四点尤其要注意。

①对可能出现的问题保持高度警惕，并且在它发展到严重地步之前就尽早地解决它。

②一旦发现问题，应毫不犹豫地处理它，当觉察到情况不妙时，更应进行彻底大检查。

③激励全员进行有效地改革，而不因为个别人员私利而阻碍企业的革新。

④集合企业中所有部门人员的力量去迎接挑战，更重要的是，化这种紧迫感为每个员工的迅速行动。

规避合伙中的风险，
维护企业权益

疾风知劲草，患难见真情

中国有句古话："疾风知劲草，患难见真情。"运用到合伙中，"真情"还需要"患难"这个试金石来检验。合伙人只有在事业的狂风大浪和各种险境中不离不弃，始终真情相待，才是真正值得长期合作的伙伴。

所谓"疾风知劲草，板荡识诚臣"（唐太宗《赐萧瑀》），其实就是"岁寒，然后知松柏之凋也。"换句话说：真金还得火来炼。看一个合伙人是谦谦君子还是猥琐小人，是荣辱与共，同甘共苦的战友还是趋利无节之徒，在事业遇到艰难困苦的逆境甚至危急时刻时才更能辨别出他的真实人性。

人在利益面前，灵魂会赤裸裸地暴露出来。有的人在对自己有利或利益无损时，可以称兄道弟，显得亲密无间。可是一旦有损于他们的利益时，就像变了个人似的，见利忘义，唯利是图，什么诚信，什么真情统统抛到脑后。因此，寻找合伙人，要擦亮眼睛。比如在你春风得意，在创业路上大展拳脚之时，往往会有遇到一些人愿意与你合伙创业，这些合伙人以能为企业"赴汤蹈火"而在所不辞。但是一旦企业运营出现问题时，有些合伙人就闹着要赶紧拿走自己的分红，一副巴不得早点散伙的架势。这种合伙人不但会凉了你的心，还会影响大家的士气，所以，只有真正愿意与你同舟共济共赴发展之路，不畏惧困难的，才是真正可靠的合伙人，也只有这样的合伙人才值得你长期信任与合作。

进而言之，时间也可以成为检验合伙人是否可靠的"法官"。有的合伙人在短期表现得很出色，日子久了，共事时间长了，很多人真正的人性就暴露出来了，"路遥知马力，日久见人心"，说的就是这个意思。所以选择合伙人时一定要慎重，要选择那些能够与自己在创业之路上生死与共的战友。

你也许要问，现在又没有战争，哪里会有什么值得叫生死与共的战友？

是的，虽然没有战争，但生活中的突发情况还是有的，这时是否患难与共就能明显地看出来了，就像下面这个例子中的朋友一样：

张磊和张岩暑假里一起徒步旅游，他们都喜欢登山。一天，当张磊和张岩终于攀上了山顶，站在山顶四处眺望，只见远处城市中白色的楼群在阳光下变成了一幅画；抬头仰望，蓝天白云，微风轻轻吹来，带来了诗情画意。对于终日忙碌的他俩，这真是一次难得的旅游和享受，两个人手舞足蹈，高兴得像小孩子。

悲剧正是从这个时候开始的。张岩一不小心一脚踩空，高大的身躯打了个趔趄，随即向万丈深渊滑去，周围是陡峭的山石，没有手抓的地方。短短的一瞬，张磊就明白发生了什么事情。他下意识地，一口咬住了张岩的上衣，但同时他也被惯性快速地带向岩边，仓促之间，张磊抱住了一棵树。

张岩悬在空中，张磊牙关紧咬。他们就像一幅画，定格在蓝露天白云大山悬崖之间。

张磊不能张口呼救。一个小时之后，过往的游客救了他们。然而这时的张磊，牙齿和嘴唇早被鲜血染得鲜红。事后，有人问张磊怎么会只用牙齿就能咬住一个人，而且能挺那么长时间？张磊却回答："当时，我头脑里只有一个念头，我一松口，张岩肯定会死。"

这种朋友就是能够显示自己本色的人，他们之间没有虚假的面具，没有矫揉造作的假象。他们不仅能够真心交往，还能够同甘共苦。所以这种人肯定不是浅薄之徒，因为他们既有着丰富的精神世界，又能帮助朋友不断地进取并成为朋友终生的骄傲和知己。

通过突发事件来检验人，虽然风险高，时日长，但是这种检验的可靠程度却最大，因此有人调侃："倒霉之时测度合伙人不失为一种稳妥的方法。"

从人生的角度来看，谁都不可能总是一帆风顺，在合伙创业中，挫折、磨难是在所难免的，尤其在困难出现的时候，能够与你并肩作战的合伙人才是真正值得惺惺相惜的，因为他们看重的是你们的事业而且并非追求单纯的物质回报。所以创业时，不要期望合伙人多多益善，选择合伙人也是一个长期的工作，人与人之间常常是知人知面不知心的，只有肝胆相照的合伙人才会助事业有所发展。

一位母亲在病重之际，把儿子叫到身边，问他："孩子，告诉我，你有多少朋友？"

"不下 100 个。"他的儿子骄傲地回答说。

"哦，"母亲听后对儿子说，"不要轻易把别人当朋友，除非你能证明他的确是你的朋友。我的年纪比你大得多，可是回顾我这一生，却只找到了半个朋友。你说你自己有不下 100 个朋友，是不是回答有点儿太轻率了？你应该去考验他们一下，看看他们当中是否有一个真朋友。"

"我怎样才能考验出来？"儿子问道。

母亲说："你自己先躲起来，在一段时间内不要去见任何人，然后找一件破衣服穿上，到你的朋友那儿，对他说："朋友，帮我一下吧，我求你了。我们全家刚遭遇不幸，我现在已是一无所有，能收留我吗？看在往日朋友的分上，你就救我一条命吧。"

儿子听从了母亲的建议，开始去找他的朋友，请求朋友帮助。

　　谁知，这位朋友回答道："不行，我还有很重要的事要办，快到别的地方去吧，你的事别连累我们家。"

　　儿子又去见了第二个朋友、第三个朋友，直到最后一个朋友，每个人都不肯帮他这个忙。然后，他回来禀告母亲。

　　"这没有什么可奇怪的，"他的母亲安慰他道，"一个人成功时，他有很多朋友，但当他陷入困境时，他们就会像雾一样消失得无影无踪。所以，我的儿子，你再去找我的那位半个朋友，听听他会怎么回答你。"

　　儿子去找了他母亲的那"半个朋友"，请求他帮助。那个朋友听他一说完连忙说："快进屋来，别让别人看见你。"

　　那"半个朋友"把妻儿们都打发了出去。只剩下他们两个人时，他拿出几件衣服和一些钱，然后劝他别难过，给他点时间，让他来好好想想办法。这时这位儿子才把实情说出来。

　　"我来只是为了证明您是我母亲的朋友，现在我明白了，什么才是真正的朋友了。"他大声说道。

　　朋友每个人都有，但是你的朋友能在困难时帮助你吗？挑选合伙人也是一样，要重"质量"而非"数量"。

去莠存良，选定合格的合伙人

　　假设你想创业，首先要花一番心思寻找合适的合伙人，好好考察一番之后才能知道合伙人是否"合格"，"合格"后，才可与合伙人开诚布公地谈规划、做事业，这当然要费些周折，还要经过一定时间，选择合伙人最好是能在自己长期交往的朋友圈中找到自己的合伙对象。当然，合适的合伙人也未必是自己的熟人或曾经的朋友，如果你遇到了不知底细的合伙人，觉得非常合适时，怎么办呢？

　　此时，一定要本着擦亮眼睛，去莠存良的原则宁缺毋滥。但话又说回来，交人容易知心难，在你初步圈定了合伙人的候选人时你可能举棋不定，不知这个人是否真的可靠时你该怎么办呢？

　　要想知道自己的合伙人是否可靠，有一个永远不会失误的标准，那就是：那种想到他自己的利益永远比想到你的利益多，而且不管做什么事，总是在寻求他个人的好处的人，你要远离，因为，自私的人不适合做合伙人，同时他也没有信誉。而一个真正的合伙人应该是本着和你患难与共、休戚相关的态度相处。所以，千万不要被一些平时和你关系亲密，形影不离的所谓的"好朋友"信誓旦旦要和你共同创业、患难与共的假象所蒙蔽，否则，最终受到伤害的肯定是你。

有这样一则寓言故事，它充分地说明了受朋友蒙蔽所带来的后果。

有个人在深山老林中捡到一只小狮子，就把它抱回家喂养。他对小狮子的照顾可谓是尽心竭力，给它喂美味可口的食物，给它抓毛，帮它洗澡。小狮子和他也亲密无间，经常会伏在他的肩头，没事的时候舔舔他的手脚，陪他一起散步，和他一块儿玩耍。

小狮子在他的照顾下慢慢地长大，最后长成了一只威猛健壮的雄狮，但是在他的面前还是温柔得如一条家狗。

有一天他突然想去周游世界，于是就骑着狮子踏上了环游世界的旅程。一路上狮子都非常安静，他坐在狮子背上平稳的前行。所到之处人们都对他的行为表示惊诧，并为他的勇气喝彩，这样，他更觉得勇气无敌了。

一路上不断会有行人问他："难道狮子不会把你吃了吗？"

他说："这怎么可能会发生呢？"

路上还有一条狗问狮子："你为什么不把他吃了呢？"

狮子说："我为什么要吃他呢？"

有一天，他们要穿过一片无垠的沙漠，路上遇到了风沙，水和食物都被风暴卷走了。他在难过之余安慰狮子说："亲爱的，你再忍一会儿，等我们过了沙漠，我一定让你饱食一顿。"这一路他不骑着狮子，而是和狮子一起徒步前行。

一天过去了，狮子饿得围着他直打转；两天过去了，狮子饿得一直舔他的手脚；三天过去了，狮子对他进行了轻轻的撕咬；四天过去了，狮子向他龇起了牙齿；第五天，饥饿的狮子向他瞪起了血红的眼睛，在他正要上前抚摸它时，狮子奋力一纵将他扑倒，瞬间把他撕成了碎片。

他至死都不明白：狮子怎么会吃了他呢？

这则寓言给我们的启示很深刻：世间的友谊有些是建立在满足温饱的基础之上的，如果你能让对方吃饱穿暖，那你就是对方亲密无间的朋友，但是一旦遇到生死存亡的关键时候，这类人便会露出凶残的本性。这个道理同样适用于选择合伙人，所以请君谨记，在合伙制企业中，合伙人之间的利益分配机制才是维系合伙关系的底线，离开了利益基础，就不存在所谓的合伙关系，更不可能有亲密无间的朋友关系，那些口口声声说被你视为朋友的合伙人，有时甚至比那些"一板一眼"的合伙人在利益分配时更与你较真。

因此，对待合伙人，就算平时关系再近，交情再好，在利益分配上也一定要恪守原则，千万不可与之纠缠不清，稀里糊涂。特别是以下这几种人，更是不宜选为合伙人：

首先，那些经常会悖人情者不可与之合伙。亲情、友情及同事之情都是人之常情，倘若一个人在人之常情中的处世态度非常恶劣、冷漠，那么这种人是万万不能合伙的，因为这种人往往极端自私自利，为达到个人目的不择手段，并惯于过河拆桥、落井下石等伎俩。

其次，与酒肉朋友不可合伙。在大碗喝酒、大口吃肉的时候，在酒酣耳热之时把自己的胸脯拍的震天响的号称能为你两肋插刀的人，不能与之合伙。因为这些所谓的"哥们兄弟"一旦到了危急时刻需要他们帮一把、伸出援助之手的时候，他们往往跑得不见踪影。《增广贤文》说得好："有酒有肉多朋友，急难何曾见几人。"因此，"动口不动手"的酒肉朋友往往靠不住的。

第三，与两面三刀，变幻无常的人不能合伙。这种人总是当面一套，背后一套，对这样两面三刀的人日常生活当中就需要小心防范，更别说跟他交朋友，共患难了。但是，这样的人在脸上也没标上特殊的标志，所以就需要在与此类人交往的时候，多注意观察，多总结，并且留意他周围的人是如何看待他的，以防自己上当受骗，错将敌人当知己。

第四，与势利小人不能合伙。如果一个人表现出明显的见风使舵、见利忘义的行为，那么这种人是不适合以合伙的身份出现在你的创业计划中，哪怕他的能力再强，本事再大，也不要试图与之共事。因为这些势利小人的一个通病就是在你得势时，他极尽阿谀奉承之能事；而当你失势的时候，他就会落井下石，背后捅刀，在他的眼中只有权势与利益。所以，这种人也是万万不能合伙共事的。

也正是因为以上四类人在我们的生活当中很普遍，所以我们在选择合伙人的时候一定要小心谨慎，因为人心隔肚皮，哪种人也没有显著的标志，只有经过长期的观察和交往才能慢慢发现其性格特征。

生活中每一个人并非都长了一双火眼金睛，能够一眼看穿他人的本质，所以，我们在选择合伙人时只能通过平常生活中观察到的一个人的性情和品德来察其言，观其行，尽可能在全面客观基础上慎重选择合伙人，只有这样才能有助于自己创业成功。

可是，百密总有一疏，人生中总是充满了各种各样的意外和可能，有些隐藏很深的势利小人也许会出现在我们的合伙人阵营之中。譬如说你本想找一位重义轻利的合伙人，结果找到的是见义忘利的人；你本想找一位真诚可靠的合伙人，结果后来发现合伙的对象是道貌岸然的伪君子；你本想找一位能够患难与共的合伙人，结果遭遇上了见异思迁的势利之徒……那该怎么办呢？

当机立断！与找错了的合伙人立即断绝关系，这对自己会减少不必要的浪费和损失。虽然这与经营产品一样也要付出相当的成本——

既有物质上的，又有精神上的，而精神上的成本比物质上的成本更有价值，物质上的浪费再多毕竟是有限的，而精神上的损失再小都是触及心灵的，甚至是刻骨铭心的——快刀斩乱麻地与错选的合作伙伴一刀两断是最好的方式。

在东汉时期，有一个著名的割席而坐的故事说的就是这个道理。相传华歆和管宁原本是两个非常要好的朋友，但是这种朋友关系没有维持多久，两人便"割席而坐"了。

起因是这样两件小事。有一天，华歆和管宁在一起锄地。华歆慌忙从地上拾起一物，装进自己的口袋，占为己有。管宁虽然表面上装作什么也没有看见，但心里却对华歆的行为十分不满。又过了不久，华歆和管宁席地而坐，在一块读书。管宁全神贯注地读着，可谓真是两耳不闻窗外事，一心只读圣贤书。可是华歆却心不在焉，似乎在寻找和期待着什么，刚好此时，有一员官吏乘着华丽的马车从门前经过，管宁不为所动，仍在读书，华歆却立即扔下书本，前去观看，一副十分羡慕的样子。

通过以上两件小事，见微知著。管宁看出华歆与自己的品格完全不同，所谓道不同不相为谋，于是，管宁和华歆便割席而坐，从此断绝了往来。

所以，如果发现找错了合伙人，救急之策便是立即停止"投资"，就像冻结银行账户一样把他"冻结"起来，防止恶意透支。同时，以平静的心态看待这一失误，既不能怨天尤人，也不能寻衅报复，更不能自暴自弃，要尽快与之分道扬镳，唯有如此，才能停止不好的结果，才能促使自己去寻找真正能合作共事的合伙朋友。

志同道合才能风雨同舟

企业的发展，离不开英明的决策；事业的成功，离不开合适的伙伴。一个巴掌拍不响，众人划桨开大船。人只有携手才能在商海上走得更稳妥，才能不惧前进中的风浪，共同推进事业的发展。

一个人的事业能否成功，在很大程度上取决于"合作者"。只有默契配合、精诚合作，各司其职、各尽其能，才能谋求共同的发展与辉煌。

对于人与人之间的配合，一方面，要有顽强的个人主义精神，另一方面，又要与合作者共事，并坚信携手合作就是力量。一般来说，如果一个高层领导的对外工作能力很强，他就要与一两个擅长内部管理工作的人一起合作。如果一个高层领导非常随和，他应该选择一个组织纪律性强的人作为搭档。

我们时常可以看到或者听说过这样的事情：某大企业毫无赢利，

甚至出现巨额亏损，工人拿不到工资和奖金，负债累累，濒临破产。高层领导痛下决心，要加以整顿、改变现状。于是，果断地下达指令，点将出马或者张榜招贤。终于，新的决策能人到该企业走马上任。经过细致地调查分析，领导者们做出了英明的决策，大刀阔斧进行一番整顿、改革、开发、推销等。不久，企业重新出现生机，红红火火地扭亏为盈，几年内还清所有债务，并且创收了巨额利润。

所以，当你的"生意"出现上述危情时，也应该去找一个有真才实学的合作伙伴，用你的能力和他的才华，共同合作、共同发展，共创一份辉煌。

托马斯·贝茨公司于 1898 年建立以来，其创办人兼第一任行政主管 RM 托马斯，就一直与他的普林斯顿大学的同学赫马特·贝茨合作。托马斯是管技术和生产的"内务大臣"，贝茨是管推销的"外交大臣"。后来，托马斯接任他的职位，直到 1960 年退休。麦克唐纳是他的第一行政主管副主席，他是一个非常严厉和纪律性很强的人，他提出了一系列明确的价值观，包括绝对完善的组织机构和产品高质量。另外，麦克唐纳也是一个具有超强能力的推销员、市场经纪人和对外联络人员。他建立了托马斯·贝茨公司与电器批发公司之间的密切关系。后来，麦克唐纳与公司创办人的儿子鲍勃·托马斯搭档接任。鲍勃是一位性格内向，但办事效率高的"内务大臣"。麦克唐纳说得好："我们这个有 100 年历史的公司，先后有 6 位行政主管，每次由两位个性不同的人结合在一起，从而产生理想的领导人。"

在克雷研究中心，技艺高的创办人西摩·克雷与擅长管理与组织建设的董事长兼行政主管约翰·罗尔温根搭档，使他们生产的电脑跃居世界前茅。

在米利玻公司，创办人杰克·布什和董事长迪·戴勃洛夫在公司成立初期很多年中都配合得很默契。最近戴勃洛夫和总裁杰克·马尔瓦尼也成为了一对好搭档：戴勃洛夫是主要战略决策人兼对外发言人，马尔瓦尼是意志坚毅的内务管理人，但是两个人都参与制定公司的主要决策。

一个人在创业过程中，找到最适合自己的创业伙伴，力量一定比一个人要大得多，而合作伙伴选择，最重要的因素，就是在于是否"合适"。大量事实表明，许多跨国大公司、大财团的创始阶段，都是两人（或三人）合伙创立的，这是因为在生意场上一个人的力量是有限的，而发展的空间却是无限的，如何把有限的力量投入到无限的发展中去？合作，就是最好的途径。所以，只要你找到了同样的行业精英，或者有成为精英的可能，通过你们精诚的合作和努力，优势互补，就一定能一步一个脚印地走向事业的辉煌。

而且，在企业经营过程中，不可能是一帆风顺的。任何企业发展的道路从来都不是平坦的，可能是暴风雨不断，荆棘密布，曲曲折折；经商的过程中也都是有起有落，有成功和失败伴随的。而面对那些起起伏伏，那些成功的企业背后都有着令人心酸的经历，可以说，每一个成功企业的背后团队成员们都有着无法言说的付出，而那些大起大落中坚持与企业同呼吸共命运的合伙人，最终会成就自己的辉煌。

所以说，合伙制团队较之传统雇佣制的好处就是能发挥上下一心，风雨同舟的精神动力，使得企业能够从容应对商战中的起落，不断变革自身，在起落中认识到不足和缺陷，更好地促进企业向优秀发展，因为所有的团队成员都是志同道合的"合伙人"，不管他们处在什么岗位，不管他们是普通员工还是高层人士，他们都在为企业出谋划策，为了企业更好的明天团结一心。

失败跌倒不可怕，企业经营落入谷底也不可怕，怕的是人心溃散，畏难行为，不能同呼吸、共命运，企业就会出现"后退"等一系列问题。

合伙企业中如何分配股权

股权是每个合伙公司最大也是最重要的蛋糕，合理分配股权，不仅与公司合伙人休戚相关，更是对后期融资、人才引进以及员工激励等方面有着举足轻重的影响。但现在有很多"好哥们"合伙创业成功了，但能同甘苦却不能共患难，在企业刚刚有起色的时候开始吵吵嚷嚷，为了鸡毛蒜皮的利益闹得不可开交，搞得兄弟反目，亲戚翻脸，朋友做不成，甚至还闹上了法庭，成了红了眼的冤家对头。那么合伙人团队究竟该如何分配利润？怎么分红？怎么奖惩？如何分配股权？这些问题不解决，一定会给将来埋下祸根，成为企业发展路上的"拦路虎"。

前面我们已经讲过，利益分配公平到位，才能让合伙长久，所以要确立专业的薪酬体系，我们还举了稻盛和夫的例子。当然，很多人不能与"经营之圣"稻盛和夫大师的思想高度和经营智慧企及和相提并论，但最起码要懂得合伙基本理论，也就是说，如果你也想试试与人合伙创业，找到了志同道合的合伙人，一个负责上游产品，一个负责技术，一个负责销售，大家的资历又差不多，那么如何分配股权，保证合伙顺利发展呢？下面我们来分析一下。

目前很多合伙公司股权分配大概遵循以下原则：创始人绝对控股原则；杜绝平均主义，分配规则尽早落地原则；股权绑定，分期兑现原则；遵守"契约精神"原则。许多创业公司，除了以上几点，还有下面几点特殊强调的原则，因为新生的创业公司处于成长期，要想在大风大浪中逐步走上发展期，需要悉心地呵护和有效的激励和约束机制，具体来说，创业公司的股权分配可以考虑这样几个原则：

以做事为大，简单化，透明化，公平第一。

只有先打下天下，分天下才有意义。股权分配最重要的原则就是公平，而且可感知的公平，这比真正拥有大的股份更有价值。股权的配置，应该有利于团结大多数人群策群力把事业做好做大。如果公司事业做不起来，持有100％股票也是一张废纸，没有任何价值与意义。

在一个创业公司，几乎所有可能会出错的地方都会出错，而且会出错的问题当中最大的问题是创始人之间巨大的、令人气愤的、吵到面红耳赤的关于"谁更努力工作"的争论，谁拥有更多股份，谁提出的想法等等。那么究竟如何分配股权才是合理的呢？

下面为简单起见，举例说明。假设你们不打算拿风险投资，而且你们将不会有外来的投资人；同样 为简单起见，我们临时假设所有创始人都辞掉了他们的全职工作，而且同时开始全职为新公司工作；随后，再解释如何处理后来加入的创始人。

假设随着公司的成长，你们将一层一层/一批一批地加入新员工。公司的首批员工就是第一个创始人（或者第一批创始人），也许有1个，2个，3个或者更多，但你们都同时开始在新公司工作，而且你们要冒一样的风险……例如辞掉你的工作加入一个未被市场认可的新公司。

第二批进来的人就是首个（批）真正的员工。当你聘任这批人时，你已从某个来源获得资金（投资人或者客户，这个无所谓）。这些人不需要冒多大风险因为他们从工作的第一天开始就拿了工资，而且，老实说，他们不是公司的创始人，他们是加入公司打工的。

第三批的人是更后来加入的员工。他们加入公司时，公司已运作得不错。

……

以此类推，对于很多公司而言，每隔大约1年将进来“一批”员工。当公司规模大到一定程度，公司员工也许已经有了6批：创始人1批，员工大约5批，每一批员工人数都比上一批更多。也许有2个创始人，第二批当中有5名最早的员工，第三批有25名员工，而第四批有200名员工……总之，越迟加入公司的员工需要冒的风险越低。

基于以上分析，你可以按照这样的原则分配股权：

创始人应该最终拿整个公司大约50%的股份，首层下面的5层员工的每一层最终都分别分到大约10%的公司股份，每一层的员工都将平分这10%的股份。

举个例子：

2个创始人启动公司。他们每人拿2500份股份。公司总市值按5000股算，所以每个创始人拿一半。第一年，他们聘用了4名员工。这4名员工每人拿250份股份，公司总市值按6000股算。第二年，他们又聘用了一批20名员工，这些员工每人拿50份股份。他们获得更少股是因为他们要承受的风险更少。因为公司给每一批员工派发的股份是1000股，所以他们每人拿到50股。直到公司员工有了6批，你已给出10000股。每个创始人最终持有公司25%的股份，每个员工"层级"持有10%的股份。所有员工当中，最早进入公司的员工，因为他们与迟来的相比要承担的风险最大，在所有员工中持有最多的股份。

你不必严格按照这个公式来规划股份，但基本思路是：你设立不同的"资历层"，最高的层级中的员工承受最大的风险，最低层层级的员工承担最少的风险，而"每个层"的员工平分公司分配给这个层级的股份，这个规则是让越早加入到公司的员工获得越多的股份。

使用"层级"的一个稍微不同的方式是"资历"。你的顶部层级是公司创始人，再下一层，你需要预留一整层给将来招聘坚持需要 10% 股份的 CEO；再下一层是给那些早期进来的员工以及顶级经理人的。所以，无论你如何组织你的层级，各层阶都应该是设计清晰明了持股比例，这样容易理解，不容易产生纷争。

现在，你设定了一个公平的股份系统，但还有一个重要的原则：那就是在分配股权时必须执行"股份绑定"。"股份绑定"期最好是 4 到 5 年，任何人都必须在公司做够起码 1 年才可持有股份（包括创始人）。好的"股份绑定"计划一般是头一年给 25%，然后接下来每个月落实 2%，否则，你的合作创始人有可能在加入公司 3 个星期后跑掉，然后 7 年后又出现，并声称他拥有公司的 25% 的股份。没有"股份绑定"条款，你派发股份给任何人都是不靠谱的！而且没有执行"股份绑定"的后果可能十分严重，比如有些公司的 3 个创始人没日没夜地工作了 5 年，然后发现一个员工加入后 2 个星期就离开，这人还仍然拥有公司 25% 的股份，就因为他工作过的那 2 个星期。

但上面这个设计蓝图中股权分配的问题就彻底搞定了吗？不，还有没搞定的一些小问题。

现在假设如果你的公司融资了，投资可以来自任何地方，一个天使投资人，一个风险投资公司，或者是某人的老爸，那么股份如何分割？基本上，回答很简单：新的投资将"稀释"所有人的股份。

　　沿用上面的例子，我们有 2 个创始人，我们给了他们每人 2500 股股份，所以两人拥有公司的 50% 股份，然后找了个"风投"，"风投"提出给两人 100 万换取 1/3 的公司股份，公司 1/3 的股份 = 2500 股，所以，你发行 2500 股给了"风投"。"风投"持有 1/3 公司股份，而你和另外一个创始人各持 1/3 公司股份——就这么多。

　　如果并不是所有早期员工都需要拿工资，怎么办？很多时候，有些公司的创始人有不少个人积蓄，决定公司启动后的某个阶段可以不拿工资，而有些创始人则需要工资，所以拿了工资。很多人认为不拿工资的创始人可以多拿一些股份，作为创业初期不拿工资的回报，问题是，你永远不可能计算出究竟应该给多少股份作为初期不拿工资的回报才算合理，所以这样做，有可能导致未来有纷争。

　　所以千万不要用分配股权来解决上述问题，其实，你只需要针对每位创始人拿的工资做好记账：不拿工资创始人就给他记着工资"欠条"，当公司有了足够现金，就根据这个工资欠条补发工资给他。接下来的几年中，当公司现金收入逐步增加，或者当完成第一轮风险投资后，你可以给每一位创始人补发工资，以确保每一位创始人都可以从公司中得到完全一样的工资收入。

　　还有的创业合伙人认为，创业构想是我提出的，难道我不应该多拿股份吗？答案是否定的：不能多拿，因为构想如果没有行动，基本上是无法用确定的价值衡量的，仅仅因为提出创业构想就想获得更多股权是不合理的。如果你们当中有人首先提出的创业构想，但你们都同时辞工并同时开始创业，你们应该拿同等的股份，因为为公司工作才是创造价值的基础。

如果创始人之一不是全职投入创业公司工作，那么，他（们）就不能算是"创始人"，这该不该分配股权呢？按照通常做法，如果一个人不全职投入公司的工作就不能算是创始人，任何人一边干着他们其他的全职工作一边帮公司干活的人只能拿工资或者工资"欠条"，但是不能给股份。如果这个"创始人"一直干着某份全职工作直到公司拿到"风投"，然后辞工全职过来给公司干活，也不应该给额外的股权分红，毕竟他们并没有冒其他创始人一样的风险。

如果有人为公司提供设备或其他有价值的东西（专利、域名等），又该怎么处理呢？可以按这些东西的价值支付现金或者开个"欠条"，但别给股份。比如你准确算一下他给公司带来的那台电脑的价值，或者他们自带的某个专利的价格，给他们写下欠条，公司有钱后再偿还即可。因为在创业初期就用股权来购买某些公司需要的东西将会导致不平等、纷争和不公平。

还有，投资人、创始人和雇员分别应该拥有多少股份？这都要看市场情况来确定。理性地说，如果投资人最终获得超过50%的公司股权，创始人将感觉自己不重要而且会丧失动力，所以好的投资人也不会这样干（拿超过50%的股权）。如果公司能依赖自我积累来发展而不依靠外来投资，创始人和员工将一起拥有公司100%的股权，这样的安排将给未来投资人带来足够大的压力，以平衡投资人与创始人/员工。一条老经验是：当公司上市时（当你雇用了足够的员工而且筹集了足够的投资后），投资人将拥有50%股份，创始人+员工将拥有50%股份，但是就2011年我国很多热门的网络公司而言，他们的投资人最终拥有的股份都比50%少得多。

所以，虽然创业公司股权分配原则这个问题没有"一刀切"的解决方案，但是你作为老板应尽可能让它简单化，透明化，直截了当，而且最重要的是：要公平，只有这样你的公司才更有可能发展得更大。

利用法律规范合伙人的权利和义务

在现代商业社会里，法制意识和契约文化已成为一个社会文明程度的标志，它的形成与运用以及对促进资本化市场的产生，已经历了200多年的时间。作为合伙人，最根本的行为原则就是逐利，积极为自己谋取最大好处的利益，在法律上去寻找自己利益的支撑点，善用法律维护自己的权益。

从逻辑上讲，作为合伙企业的投资人，合伙人在企业享有权利后，也负有义务。一般而言，合伙人的权利为经营合伙企业，参与合伙事务的执行，享受企业的收益分配；义务为遵守合伙协议，承担企业经营亏损，根据需要增加对企业的投入等。所以，不管是以何种形式合伙，首先应该尊重法律，依法行事，然而事实上很多公司合伙的过程总会出现很多难以预料的风险和纠纷，或者因为合同、协议、规定等表达不清，或者因为双方意思表述的不同，或者对方有意钻空子……所以合伙中要彼此互相监督，在设计合伙履约条款时，一是要保证形式上的公正性，二是要设法抵消内容上的倾向性，因为哪怕是再亲密的至亲好友，都会因为人性的自私有可能做出侵害企业利益的事，所以，如果利用法律履行合伙人在企业享有权利和义务，那么事后不管是企业赢利还是破产，都是口说无凭，公说公有理，婆说婆有理，比如在分配股权、红利，甚至在破产中清算资产时会各执一词，大动干戈，直到闹上法庭。

具体而言，公司的股权结构是表象，股权结构背后反映的是公司生存发展可以对接的各种资源配置，诸如团队、技术、渠道、资本等。由于合伙企业是合作企业，合伙人的权利义务主要由合伙协议予以规定，对于一些特定的权利义务也可以在事后由全体合伙人共同确定，但对有些合伙人的特定权利义务，法律也进行了一些必要的规范。比如如果创始团队成员占有大量股份，但没干多久就走人，留下大家所有人为其拼死拼活地打工，但主要投资人还要拿大头，这就不公平，也无法起到激励作用，因此，对创始股东的股票需要设置兑现与回购制度，以法律文书的方式制定具体的分配措施。

当然，对于合伙制企业，合伙人也要履行义务，承担一定的责任。我国《合伙企业法》规定：合伙人应对合伙企业债务承担无限连带责任。

合伙企业一般分为三种："普通合伙企业"、"特殊的合伙企业"、"有限合伙企业"，"普通合伙企业"由普通合伙人组成，合伙人对合伙企业债务承担无限连带责任。法律法规对普通合伙人承担责任的形式有特别规定的，从其规定。"有限合伙企业"由普通合伙人和有限合伙人组成，普通合伙人对合伙企业债务承担无限连带责任，有限合伙人以其认缴的出资额为限对合伙企业债务承担责任。而在"特殊的合伙企业"中，如果是一个合伙人或者数个合伙人在执业活动中因故意或者重大过失造成合伙企业债务的，应当承担无限责任或者无限连带责任，其他合伙人以其在合伙企业中的财产份额为限承担责任。而如果是合伙人在执业活动中非因故意或者重大过失造成的合伙企业债务以及合伙企业的其他债务，由全体合伙人承担无限连带责任。因此，对于"普通合伙人"是承担无限连带责任，而对于"有限合伙人"是承担有限责任，还有"特殊合伙企业"中的合伙人承担责任也不一定是无限连带责任。

所以，合伙过程中若产生了债务，合伙人是否要承担无限连带责任，需要看造成这种债务的原因以及合伙企业的类型，然后才能确认合伙人是不是对该债务应当承担连带责任。

合伙创业要懂得合伙规则

　　合伙是智慧的结晶，也是集中资本的手段，合伙制不但能够形成合力，而且能够集思广益，更好更快地实现创业、实现发展的致富梦想。不过合伙企业中也有不少的隐患和风险，稍有不慎，容易分崩离析，血本无归，所以懂合伙规则是合伙创业的基本素质。

　　不懂合伙规则就创业，必然会受到市场和对手的无情碾压，创业前，找什么性格、能力的合伙人最有利合作？怎么判断谁是那个最对的合伙人？什么样的人绝不能合伙？创业中，如何与合伙人磨合成心有灵犀的搭档，为公司创造最大价值？怎样制定稳定长久的合伙共事规则？决策意见谈不拢，到底谁才说了算？合伙人股权如何设计进入与退出机制？创业后，如何处理权力关系、利益分配，帮助公司快速进入稳定发展期？合伙中出现无法弥补的裂痕，怎么谈散伙？……各种合伙方方面面的细枝末节必须研究透，诸如书面合同、协议、规章制度等法律文书必须事先拟定好，各种可能发生的情况必须要有所准备。而且在筹备期，就要明确各合伙人的职务和责任，明确最终决策者——要切记，"老大"只能有一个。当然这会引出一个问题，就是股份不必平摊，必须有高有底，让能者上，庸者下，不然日后肯定出事。

所以，如果不做好充足的功课大家一哄而上兴高采烈地合伙，必定日后会大动干戈地散伙！下面我们就来分析一下合伙创业的一些"基础课"和合伙规则。

1. 首先要记住：找合伙人首先要找值得信任的优势人才，所谓优势人才，要么是有能力，要么是有才干，要么是有资金，总之要找"有用"的"绩优股"，但前提是建立在实实在在的合作基础上，坦诚相待，彼此信任。

注意，这里指的"信任"是经过全方位和一定时期的考察而综合考量一个人后达到的"信任"，而并非单凭好感就轻易地信任别人，强调的还是选择合伙人要慎重，一定要找到值得信任的合作伙伴，彼此开诚布公。同时还要考虑到是否与合伙人的思想基础相同，包括经营方式，投资理念等等，如果从一开始大家就有不同的创业理念和经营思想，很多事情谈不拢，那么以后的合作就不会顺畅，更不要说最后有利润可言了。而且，即使是信任的朋友，也不一定适合做合作伙伴，所以合作时要明白，合作伙伴只是利益关系，合伙不是更看重友情，而是更看重利益，这在合伙一开始就要做好思想准备，因为许多合作者都把利益放在第一位，而有利益就会有分歧，所以最先找合伙者的领导者一开始就要明确的表达好自己的意思，别为了"面子"有什么不好意思，"亲兄弟要明算账"，并且一定要形成书面协议，有法可依，有据可查，免得最后闹的是大动干戈，或者人才两空了！

2. 值得注意的是，合伙创业过程中，要账目明晰，钱账要分开管理，谈好财务管理原则，互相接受监督是合伙基础，这样才能保证账目公开透明，随时可以查账，不然到时候你去查某个合伙人管的账，势必会让对方抵触，再有争执必会"分家"。

3. 合伙利益的分配、亏损的分担，有约定和法定两种办法。

有合伙协议的按合伙协议办理；合伙协议未约定或者约定不明确的，由合伙人协商决定。但是，合伙协议不得约定将全部利润分配给部分合伙人或者由部分合伙人承担全部亏损。合伙协议未约定或者约定不明确的，又协商不成的，根据法律规定办理，即由合伙人按照实缴出资比例分配、分担；无法确定比例的，由合伙人平均分配、分担。

损益分配的时间由合伙人约定。合伙人对合伙债务承担无限连带责任，是合伙企业的基本法律特征。合伙人对合伙债务承担无限连带责任有两种立法：一是并存连带主义，即合伙的债权人请求合伙清偿债务或者请求合伙人清偿合伙的债务，两者没有先后次序之分。这对合伙人来说，对合伙的债务承担的是并存无限连带责任。二是补充连带主义，即合伙的债权人须先请求合伙清偿合伙债务，对其不足部分才能请求合伙人清偿。这对合伙人来说，对合伙的债务承担的是补充无限连带责任。《合伙企业法》的规定属于后者，即合伙企业对其债务，应先以其全部财产进行清偿。合伙企业不能清偿到期债务的，应先以其全部财产进行清偿。合伙企业由于承担无限连带责任，清偿数额超过其应当承担的比例的，有权向其他合伙人追偿。

4. 合伙人如果是以个人财产出资参与合伙，则以个人财产对合伙债务承担无限责任；如果是以家庭财产出资参与合伙，则应以合伙人家庭共有财产对合伙债务承担无限连带责任；如果是以个人财产出资参与合伙，须将合伙盈余份分配所得用于合伙人家庭成员的共同生活，则应先以合伙人的个人财产承担清偿责任，不足部分则以合伙人的家庭共有财产承担。

5. 合伙人的自有财产不足以清偿其于合伙企业无关的债务的，该合伙人可以以其从合伙企业中分取的收益用于清偿；债权人也可以依法请求人民法院强制执行该合伙人在合伙企业中的财产份额用于清偿(第 42 条第 1 款)。

6. 如果同时存在合伙债务于合伙人个人债务，当合伙与合伙人都处于资不抵债的情况时，如何确定清偿这两种债务的先后顺序呢？对此，英美等国家采取了双重优先原则，就是合伙人个人的债权人优先于个人的债权人从合伙财产中得到清偿。换句话说，合伙的财产优先清偿合伙的债务，合伙个人的财产优先清偿个人的债务。这样处理较为公平妥当，我国多数学者皆赞成此种办法。

7. 合伙财产的性质也就是合伙财产归属问题，根据《合伙企业法》的有关规定，可以认定合伙企业的财产属于合伙人共同共有。

共有是指两个以上的人对同一物享有所有权。共有属于所有权概念中的概念，合伙财产不限于所有权，还有土地使用权、知识产权等。因此，说合伙财产的性质是共同共有，包括准共同共有。

合伙财产属于合伙人共同共有，不属于合伙人单独所有，在涉及合伙财产权于合伙人财产权关系上，需要对合伙人的财产权适当限制，保全合伙财产，以维护合伙事业。

(1)分割合伙财产的限制。合伙人在合伙企业清算前，不得请求分割合伙企业的财产(不包括退货的情况在内)，合伙人在合伙企业清算前私自转移或者处分合伙企业财产的，合伙企业不得以此对抗善意的第三人。(第21条)。

(2)财产份额转让与财产出质的限制。除合伙协议另有约定外，合伙人向合伙人以外的人转让其在合伙企业中的全部或者部分财产份额时，须经其他合伙人一致同意。合伙人以其在合伙企业中的财产份额出质的，须经其他合伙人一致同意(第22条、第25条)。

(3)合伙债券抵销与合伙人的债权人代位权的限制。合伙人发生与合伙企业无关的债务，相关债权人不得以其债权抵销其对合伙企业的债务；合伙人的债权人也不得代位行使合伙人在合伙企业中的权利（第41条）

总之，以上介绍的只是一些基本常识性规则，合伙制企业中涉及方方面面的事务和纠纷可能因不同主体和不同类型的企业也不尽相同，我们就不再举例一一说明了。归根到底，合伙做事中，一定要按照事先约定好的协议和制定的企业制度办事，在财务上要清清楚楚，在人事关系上不夹杂人情因素，在权利义务关系上要依法从事，一是一，二是一，公正、公开、透明，不过分强调交情或友谊，更不能做出违法乱纪的事，同时还要加强沟通和交流，而且合伙人之间一定都要有包容心，要彼此团结，上下一心，这样公司发展才能越来越顺利，企业发展才能后劲越来越大。

附录 法律加油站

个人合伙法律知识摘编

1. 个人合伙的含义是什么？

个人合伙是指两个以上公民按照协议，各自提供资金、实物、技术等，合伙经营、共同劳动的自然人联合经营体。（《民法通则》第 30 条）

2. 如何认定合伙关系？

当事人之间没有书面合伙协议，又未经工商行政管理部门核准登记，但具备合伙的其他条件，又有两个以上无利害关系人证明有口头合伙协议的，法院可以认定为合伙关系。（《最高人民法院关于贯彻执行〈中华人民共和国民法通则若干问题的意见〉》（简称"民通意见"）第 50 条）

3. 什么是个人合伙协议？

合伙人应当对出资数额、盈余分配、债务承担、入伙、退伙、合伙终止等事项，订立书面协议。（《民法通则》第 31 条）

当事人之间没有书面协议，又未经工商行政管理部门核准登记，

但具备合伙的其他条件，又有两个以上无利害关系人证明有口头协议的，法院可以认定为合伙关系。（"民通意见"第50条）

4. 个人合伙是否必须工商登记？

个人合伙可以起字号，依法经核准登记，在核准登记的经营范围内从事经营。（《民法通则》第33条）

5. 个人合伙财产如何管理？

（1）合伙人投入的财产：由合伙人统一管理和使用；

（2）合伙经营积累的财产：归合伙人共有。（《民法通则》第32条）

《物权法》第96条规定，共有人按照约定管理共有的不动产或者动产；没有约定或者约定不明确的，各共有人都有管理的权利和义务。

6. 各合伙人对合伙经营积累的财产是共同共有还是按份共有关系？

《民法通则》第32条第2款规定，合伙经营积累的财产，归合伙人共有。

《物权法》第103条规定，共有人对共有的不动产或者动产没有约定为按份共有或者共同共有，或者约定不明确的，除共有人具有家庭关系等外，视为按份共有。

《物权法》第104条规定，按份共有人对共有的不动产或者动产享有的份额，没有约定或者约定不明确的，按照出资额确定；不能确定出资额的，视为等额享有。

《物权法》第105条规定，两个以上单位、个人共同享有用益物权、担保物权的，参照本章规定。

7. 合伙人对合伙财产的使用和处分无法达成一致意见，应当如何处理？

《物权法》第 97 条规定，处分共有的不动产或者动产以及对共有的不动产或者动产作重大修缮的，应当经占份额三分之二以上的按份共有人或者全体共同共有人同意，但共有人之间另有约定的除外。

《物权法》第 98 条规定，对共有物的管理费用以及其他负担，有约定的，按照约定；没有约定或者约定不明确的，按份共有人按照其份额负担，共同共有人共同负担。

8. 个人合伙经营活动如何管理？

个人合伙的经营活动，有合伙人共同决定，合伙人有执行和监督的权利。合伙人可以推荐负责人。合伙负责人和其他人员的经营活动，由全体合伙人承担民事责任。(《民法通则》第 34 条)

9. 合伙人能否转让其个人合伙份额？

《物权法》第 101 条规定，按份共有人可以转让其享有的共有的不动产或者动产份额。其他共有人在同等条件下享有优先购买的权利。

10. 什么是入伙？

入伙即个人合伙的加入，是指在合伙经营过程中增加合伙人。

(1)书面协议有约定的，入伙按照协议处理；

(2)没有书面协议或者书面协议未约定的：

①入伙须经全体合伙人同意，并应当并修改合伙协议；

②未经全体合伙人同意的，应当认定入伙无效。（"民通意见"第51条）

11.什么是退伙？

(1)合伙人退伙，书面协议有约定的，按书面协议处理；

(2)书面协议未约定的，原则上应予准许。

(3)因退伙给其他合伙人造成损失的，应当考虑退伙的原因、理由以及双方当事人的过错等情况，确定其应当承担的赔偿责任。（"民通意见"第52条）

退伙仍应承担连带责任：

(1)合伙经营期间发生亏损，合伙人退出合伙时未按约定分担或者未合理分担合伙债务的，退伙人对原合伙的债务，应当承担清偿责任。

(2)退伙人已分担合伙债务的，对其参加合伙期间的全部债务仍负连带责任。（"民通意见"第53条）

合伙人退伙时分割的合伙财产，应当包括合伙时投入的财产和合伙期间积累的财产，以及合伙期间的债权和债务。入伙的原物退伙时原则上应予退还，一次清退有困难的，可以分批清退；退还原物却有困难的，可以折价处理。（"民通意见"第54条）

《物权法》第100条规定，共有人可以协商确定分割方式。达不成协议，共有的不动产或者动产可以分割并且不会因分割减损价值的，应当对实物予以分割；难以分割或者因分割会减损价值的，应当对折价或者拍卖、变卖取得的价款予以分割。共有人分割所得的不动产或者动产有瑕疵的，其他共有人应当分担损失。

12. 哪些情形可以退伙？

《物权法》第 99 条规定，共有人约定不得分割共有的不动产或者动产，以维持共有关系的，应当按照约定，但共有人有重大理由需要分割的，可以请求分割；没有约定或者约定不明确的，按份共有人可以随时请求分割，共同共有人在共有的基础丧失或者有重大理由需要分割时可以请求分割。因分割对其他共有人造成损害的，应当给予赔偿。

13. 个人合伙终止时，如何处理合伙财产？

（1）有书面协议的，按协议处理；

（2）没有书面协议：

①协商处理；

②协商不成的：

a. 如果合伙人出资额相等：应当考虑多数人意见酌情处理；

b. 合伙人出资额不等的：可以按出资额占全部合伙额多的合伙人的意见处理；但要保护其他合伙人的利益。（"民通意见"第 55 条）

14. 个人合伙的合伙债务，合伙人内部如何承担？

（1）全体合伙人对合伙经营的亏损额：

①按照协议约定的债务承担比例或者出资比例分担；

②协议未规定债务承担比例或者出资比例的，可以按照约定的或者实际的盈余分配比例承担。

③但是对造成合伙经营亏损有过错的合伙人，应当根据其过错程度相应的多承担责任。（"民通意见"第47条）

（2）合伙债务由合伙人按照出资比例或者协议的约定，以各自的财产承担清偿责任。合伙人对合伙的债务承担连带责任，法律另有规定的除外。偿还合伙债务超过自己应当承担数额的合伙人，有权向其他合伙人追偿。（《民法通则》第35条）

只提供技术性劳务，不提供资金、实物的合伙人，对于合伙经营的亏损额，对内则应当按照协议约定的债务承担比例或者技术性劳务折抵的出资比例承担；协议未规定债务承担比例或者出资比例的，可以按照约定的或者合伙人实际的盈余分配比例承担；没有盈余分配比例的，按照其余合伙人平均投资比例承担。（"民通意见"第48条）

15. 合伙人串通逃避合伙债务有什么法律后果？

合伙人互相串通逃避合伙债务的，除应令其承担清偿责任外，还可以按照《民法通则》第134条第3款的规定处理。（"民通意见"第56条）

16. 合伙人既有合伙债务又有个人债务时，应当如何偿还债务？

关于以各自的财产承担清偿责任，是指合伙人以个人财产出资的，以合伙人的个人财产承担；合伙人以其家庭共有财产出资的，以其家庭共有财产承担；合伙人以个人财产出资，合伙的盈余分配所得用于其他家庭成员生活的，应先以合伙人的个人财产承担，不足部分从合伙人的家庭共有财产承担。("民通意见"第57条)

17. 单个合伙人能否单独对外主张个人合伙的债权?

《民法通则》第87条规定，债权人或者债务人一方人数为二人以上的，依照法律的规定或者当事人的约定，享有连带权利的每个债权人，都有权要求债务人履行义务。负有连带义务的每个债务人，都负有清偿全部债务的义务，履行了义务的人，有权要求其他负有连带义务的人偿付他应当承担的份额。

《物权法》第102条规定，因共有的不动产或者动产产生的债权债务，在对外关系上，共有人享有连带债权、承担连带债务，但法律另有规定或者第三人知道共有人不具有连带债权债务关系的除外；在共有人内部关系上，除共有人另有约定外，按份共有人按照份额享有债权、承担债务，共同共有人共同享有债权、承担债务。偿还债务超过自己应当承担份额的按份共有人，有权向其他共有人追偿。

18. 个人合伙如何确定诉讼当事人?

"民通意见"第45条规定，起字号的个人合伙，在民事诉讼中，应当以依法核准登记的字号为诉讼当事人，并由合伙负责人为诉讼代表人。合伙负责人的诉讼行为，对全体合伙人发生法律效力。未起字号的个人合伙，合伙人在民事诉讼中为共同诉讼人。合伙人人数众多的，可以推荐诉讼代表人参加诉讼，诉讼代表人的诉讼行为，对全体合伙人发生法律效力。推举诉讼代表人，应当办理书面委托手续。

19. 个人合伙如何纳税？

根据《国务院关于个人独资企业和合伙企业征收所得税问题的通知》(国发〔2000〕16 号)，合伙企业停止征收企业所得税，其投资者的生产经营所得，比照个体工商户的生产、经营所得征收个人所得税。具体税收政策和征税办法由国家财税主管部门另行制定。

20. 夫妻离婚时如何分割合伙财产权益？

(1)根据《最高人民法院关于人民法院审理离婚案件处理财产分割问题的若干具体意见》第 9 条规定，一方以夫妻共同财产与他人合伙经营的，入伙的财产可分给一方所有，分得入伙财产的一方对另一方应给予相当于入伙财产一半价值的补偿。

(2)根据《最高人民法院关于适用〈中华人民共和国婚姻法〉若干问题的解释(二)》第 17 条规定，人民法院审理离婚案件，涉及分割夫妻共同财产中以一方名义在合伙企业中的出资，另一方不是该企业合伙人的，当夫妻双方协商一致，将其合伙企业中的财产份额全部或者部分转让给对方时，按以下情形分别处理：

①其他合伙人一致同意的，该配偶依法取得合伙人地位；

②其他合伙人不同意转让，在同等条件下行使优先受让权的，可以对转让所得的财产进行分割；

③其他合伙人不同意转让，也不行使优先受让权，但同意该合伙人退伙或者退还部分财产份额的，可以对退还的财产进行分割；

④其他合伙人既不同意转让，也不行使优先受让权，又不同意该合伙人退伙或者退还部分财产份额的，视为全体合伙人同意转让，该配偶依法取得合伙人地位。

21. 个人合伙成员在从事经营活动中不慎死亡，其他合伙成员应否承担民事责任？

根据《最高人民法院关于个人合伙成员在从事经营活动中不慎死亡其他成员应否承担民事责任问题的批复》（1987 年 10 月 10 日），个人合伙成员在从事经营活动中不慎死亡，其他合伙成员没有过错的，不应负赔偿责任。

但个人合伙成员为合伙人的共同利益，在经营运输活动中不慎死亡，其他合伙成员作为合伙经营的受益人之一，应当给予死者家属适当的经济补偿。

《中华人民共和国合伙企业法》

（1997年2月23日第八届全国人民代表大会常务委员会第二十四次会议通过 2006年8月27日第十届全国人民代表大会常务委员会第二十三次会议修订）

《中华人民共和国合伙企业法》已由中华人民共和国第十届全国人民代表大会常务委员会第二十三次会议于2006年8月27日修订通过，现将修订后的《中华人民共和国合伙企业法》公布，自2007年6月1日起施行。

第一章　总则

第一条　为了规范合伙企业的行为，保护合伙企业及其合伙人、债权人的合法权益，维护社会经济秩序，促进社会主义市场经济的发展，制定本法。

第二条　本法所称合伙企业，是指自然人、法人和其他组织依照本法在中国境内设立的普通合伙企业和有限合伙企业。

普通合伙企业由普通合伙人组成，合伙人对合伙企业债务承担无限连带责任。本法对普通合伙人承担责任的形式有特别规定的，从其规定。

有限合伙企业由普通合伙人和有限合伙人组成，普通合伙人对合伙企业债务承担无限连带责任，有限合伙人以其认缴的出资额为限对合伙企业债务承担责任。

第三条 国有独资公司、国有企业、上市公司以及公益性的事业单位、社会团体不得成为普通合伙人。

第四条 合伙协议依法由全体合伙人协商一致、以书面形式订立。

第五条 订立合伙协议、设立合伙企业，应当遵循自愿、平等、公平、诚实信用原则。

第六条 合伙企业的生产经营所得和其他所得，按照国家有关税收规定，由合伙人分别缴纳所得税。

第七条 合伙企业及其合伙人必须遵守法律、行政法规，遵守社会公德、商业道德，承担社会责任。

第八条 合伙企业及其合伙人的合法财产及其权益受法律保护。

第九条 申请设立合伙企业，应当向企业登记机关提交登记申请书、合伙协议书、合伙人身份证明等文件。

合伙企业的经营范围中有属于法律、行政法规规定在登记前须经批准的项目的，该项经营业务应当依法经过批准，并在登记时提交批准文件。

第十条　申请人提交的登记申请材料齐全、符合法定形式，企业登记机关能够当场登记的，应予当场登记，发给营业执照。

除前款规定情形外，企业登记机关应当自受理申请之日起二十日内，作出是否登记的决定。予以登记的，发给营业执照；不予登记的，应当给予书面答复，并说明理由。

第十一条　合伙企业的营业执照签发日期，为合伙企业成立日期。

合伙企业领取营业执照前，合伙人不得以合伙企业名义从事合伙业务。

第十二条　合伙企业设立分支机构，应当向分支机构所在地的企业登记机关申请登记，领取营业执照。

第十三条　合伙企业登记事项发生变更的，执行合伙事务的合伙人应当自作出变更决定或者发生变更事由之日起十五日内，向企业登记机关申请办理变更登记。

第二章　普通合伙企业

第一节　合伙企业设立

第十四条　设立合伙企业，应当具备下列条件：

（一）有二个以上合伙人。合伙人为自然人的，应当具有完全民事行为能力；

（二）有书面合伙协议；

（三）有合伙人认缴或者实际缴付的出资；

（四）有合伙企业的名称和生产经营场所；

（五）法律、行政法规规定的其他条件。

第十五条　合伙企业名称中应当标明"普通合伙"字样。

第十六条　合伙人可以用货币、实物、知识产权、土地使用权或者其他财产权利出资，也可以用劳务出资。

合伙人以实物、知识产权、土地使用权或者其他财产权利出资，需要评估作价的，可以由全体合伙人协商确定，也可以由全体合伙人委托法定评估机构评估。

合伙人以劳务出资的，其评估办法由全体合伙人协商确定，并在合伙协议中载明。

第十七条　合伙人应当按照合伙协议约定的出资方式、数额和缴付期限，履行出资义务。

以非货币财产出资的，依照法律、行政法规的规定，需要办理财产权转移手续的，应当依法办理。

第十八条　合伙协议应当载明下列事项：

（一）合伙企业的名称和主要经营场所的地点；

（二）合伙目的和合伙经营范围；

（三）合伙人的姓名或者名称、住所；

（四）合伙人的出资方式、数额和缴付期限；

（五）利润分配、亏损分担方式；

（六）合伙事务的执行；

（七）入伙与退伙；

（八）争议解决办法；

（九）合伙企业的解散与清算；

（十）违约责任。

第十九条　合伙协议经全体合伙人签名、盖章后生效。合伙人按照合伙协议享有权利，履行义务。

修改或者补充合伙协议，应当经全体合伙人一致同意；但是，合伙协议另有约定的除外。

合伙协议未约定或者约定不明确的事项，由合伙人协商决定；协商不成的，依照本法和其他有关法律、行政法规的规定处理。

第二节　合伙企业财产

第二十条　合伙人的出资、以合伙企业名义取得的收益和依法取得的其他财产，均为合伙企业的财产。

第二十一条　合伙人在合伙企业清算前，不得请求分割合伙企业的财产；但是，本法另有规定的除外。

合伙人在合伙企业清算前私自转移或者处分合伙企业财产的，合伙企业不得以此对抗善意第三人。

第二十二条　除合伙协议另有约定外，合伙人向合伙人以外的人转让其在合伙企业中的全部或者部分财产份额时，须经其他合伙人一致同意。

合伙人之间转让在合伙企业中的全部或者部分财产份额时，应当通知其他合伙人。

第二十三条　合伙人向合伙人以外的人转让其在合伙企业中的财产份额的，在同等条件下，其他合伙人有优先购买权；但是，合伙协议另有约定的除外。

第二十四条　合伙人以外的人依法受让合伙人在合伙企业中的财产份额的，经修改合伙协议即成为合伙企业的合伙人，依照本法和修改后的合伙协议享有权利，履行义务。

第二十五条　合伙人以其在合伙企业中的财产份额出质的，须经其他合伙人一致同意；未经其他合伙人一致同意，其行为无效，由此给善意第三人造成损失的，由行为人依法承担赔偿责任。

第三节　合伙事务执行

第二十六条　合伙人对执行合伙事务享有同等的权利。

按照合伙协议的约定或者经全体合伙人决定，可以委托一个或者数个合伙人对外代表合伙企业，执行合伙事务。

作为合伙人的法人、其他组织执行合伙事务的，由其委派的代表执行。

第二十七条 依照本法第二十六条第二款规定委托一个或者数个合伙人执行合伙事务的，其他合伙人不再执行合伙事务。

不执行合伙事务的合伙人有权监督执行事务合伙人执行合伙事务的情况。

第二十八条 由一个或者数个合伙人执行合伙事务的，执行事务合伙人应当定期向其他合伙人报告事务执行情况以及合伙企业的经营和财务状况，其执行合伙事务所产生的收益归合伙企业，所产生的费用和亏损由合伙企业承担。

合伙人为了解合伙企业的经营状况和财务状况，有权查阅合伙企业会计账簿等财务资料。

第二十九条 合伙人分别执行合伙事务的，执行事务合伙人可以对其他合伙人执行的事务提出异议。提出异议时，应当暂停该项事务的执行。如果发生争议，依照本法第三十条规定作出决定。

受委托执行合伙事务的合伙人不按照合伙协议或者全体合伙人的决定执行事务的，其他合伙人可以决定撤销该委托。

第三十条 合伙人对合伙企业有关事项作出决议，按照合伙协议约定的表决办法办理。合伙协议未约定或者约定不明确的，实行合伙人一人一票并经全体合伙人过半数通过的表决办法。

本法对合伙企业的表决办法另有规定的，从其规定。

第三十一条　除合伙协议另有约定外，合伙企业的下列事项应当经全体合伙人一致同意：

（一）改变合伙企业的名称；

（二）改变合伙企业的经营范围、主要经营场所的地点；

（三）处分合伙企业的不动产；

（四）转让或者处分合伙企业的知识产权和其他财产权利；

（五）以合伙企业名义为他人提供担保；

（六）聘任合伙人以外的人担任合伙企业的经营管理人员。

第三十二条　合伙人不得自营或者同他人合作经营与本合伙企业相竞争的业务。

除合伙协议另有约定或者经全体合伙人一致同意外，合伙人不得同本合伙企业进行交易。

合伙人不得从事损害本合伙企业利益的活动。

第三十三条　合伙企业的利润分配、亏损分担，按照合伙协议的约定办理；合伙协议未约定或者约定不明确的，由合伙人协商决定；协商不成的，由合伙人按照实缴出资比例分配、分担；无法确定出资比例的，由合伙人平均分配、分担。

合伙协议不得约定将全部利润分配给部分合伙人或者由部分合伙人承担全部亏损。

第三十四条　合伙人按照合伙协议的约定或者经全体合伙人决定，可以增加或者减少对合伙企业的出资。

第三十五条　被聘任的合伙企业的经营管理人员应当在合伙企业授权范围内履行职务。

被聘任的合伙企业的经营管理人员，超越合伙企业授权范围履行职务，或者在履行职务过程中因故意或者重大过失给合伙企业造成损失的，依法承担赔偿责任。

第三十六条　合伙企业应当依照法律、行政法规的规定建立企业财务、会计制度。

第四节　合伙企业与第三人关系

第三十七条　合伙企业对合伙人执行合伙事务以及对外代表合伙企业权利的限制，不得对抗善意第三人。

第三十八条　合伙企业对其债务，应先以其全部财产进行清偿。

第三十九条　合伙企业不能清偿到期债务的，合伙人承担无限连带责任。

第四十条　合伙人由于承担无限连带责任，清偿数额超过本法第三十三条第一款规定的其亏损分担比例的，有权向其他合伙人追偿。

第四十一条　合伙人发生与合伙企业无关的债务，相关债权人不得以其债权抵销其对合伙企业的债务；也不得代位行使合伙人在合伙企业中的权利。

第四十二条 合伙人的自有财产不足清偿其与合伙企业无关的债务的，该合伙人可以以其从合伙企业中分取的收益用于清偿；债权人也可以依法请求人民法院强制执行该合伙人在合伙企业中的财产份额用于清偿。

人民法院强制执行合伙人的财产份额时，应当通知全体合伙人，其他合伙人有优先购买权；其他合伙人未购买，又不同意将该财产份额转让给他人的，依照本法第五十一条的规定为该合伙人办理退伙结算，或者办理削减该合伙人相应财产份额的结算。

第五节 入伙、退伙

第四十三条 新合伙人入伙，除合伙协议另有约定外，应当经全体合伙人一致同意，并依法订立书面入伙协议。

订立入伙协议时，原合伙人应当向新合伙人如实告知原合伙企业的经营状况和财务状况。

第四十四条 入伙的新合伙人与原合伙人享有同等权利，承担同等责任。入伙协议另有约定的，从其约定。

新合伙人对入伙前合伙企业的债务承担无限连带责任。

第四十五条 合伙协议约定合伙期限的，在合伙企业存续期间，有下列情形之一的，合伙人可以退伙：

（一）合伙协议约定的退伙事由出现；

（二）经全体合伙人一致同意；

(三)发生合伙人难以继续参加合伙的事由;

(四)其他合伙人严重违反合伙协议约定的义务。

第四十六条　合伙协议未约定合伙期限的,合伙人在不给合伙企业事务执行造成不利影响的情况下,可以退伙,但应当提前三十日通知其他合伙人。

第四十七条　合伙人违反本法第四十五条、第四十六条的规定退伙的,应当赔偿由此给合伙企业造成的损失。

第四十八条　合伙人有下列情形之一的,当然退伙:

(一)作为合伙人的自然人死亡或者被依法宣告死亡;

(二)个人丧失偿债能力;

(三)作为合伙人的法人或者其他组织依法被吊销营业执照、责令关闭、撤销,或者被宣告破产;

(四)法律规定或者合伙协议约定合伙人必须具有相关资格而丧失该资格;

(五)合伙人在合伙企业中的全部财产份额被人民法院强制执行。

合伙人被依法认定为无民事行为能力人或者限制民事行为能力人的,经其他合伙人一致同意,可以依法转为有限合伙人,普通合伙企业依法转为有限合伙企业。其他合伙人未能一致同意的,该无民事行为能力或者限制民事行为能力的合伙人退伙。

退伙事由实际发生之日为退伙生效日。

第四十九条 合伙人有下列情形之一的，经其他合伙人一致同意，可以决议将其除名：

（一）未履行出资义务；

（二）因故意或者重大过失给合伙企业造成损失；

（三）执行合伙事务时有不正当行为；

（四）发生合伙协议约定的事由。

对合伙人的除名决议应当书面通知被除名人。被除名人接到除名通知之日，除名生效，被除名人退伙。

被除名人对除名决议有异议的，可以自接到除名通知之日起三十日内，向人民法院起诉。

第五十条 合伙人死亡或者被依法宣告死亡的，对该合伙人在合伙企业中的财产份额享有合法继承权的继承人，按照合伙协议的约定或者经全体合伙人一致同意，从继承开始之日起，取得该合伙企业的合伙人资格。

有下列情形之一的，合伙企业应当向合伙人的继承人退还被继承合伙人的财产份额：

（一）继承人不愿意成为合伙人；

（二）法律规定或者合伙协议约定合伙人必须具有相关资格，而该继承人未取得该资格；

（三）合伙协议约定不能成为合伙人的其他情形。

合伙人的继承人为无民事行为能力人或者限制民事行为能力人的，经全体合伙人一致同意，可以依法成为有限合伙人，普通合伙企业依法转为有限合伙企业。全体合伙人未能一致同意的，合伙企业应当将被继承合伙人的财产份额退还该继承人。

第五十一条　合伙人退伙，其他合伙人应当与该退伙人按照退伙时的合伙企业财产状况进行结算，退还退伙人的财产份额。退伙人对给合伙企业造成的损失负有赔偿责任的，相应扣减其应当赔偿的数额。

退伙时有未了结的合伙企业事务的，待该事务了结后进行结算。

第五十二条　退伙人在合伙企业中财产份额的退还办法，由合伙协议约定或者由全体合伙人决定，可以退还货币，也可以退还实物。

第五十三条　退伙人对基于其退伙前的原因发生的合伙企业债务，承担无限连带责任。

第五十四条　合伙人退伙时，合伙企业财产少于合伙企业债务的，退伙人应当依照本法第三十三条第一款的规定分担亏损。

第六节　特殊的普通合伙企业

第五十五条　以专业知识和专门技能为客户提供有偿服务的专业服务机构，可以设立为特殊的普通合伙企业。

特殊的普通合伙企业是指合伙人依照本法第五十七条的规定承担责任的普通合伙企业。

特殊的普通合伙企业适用本节规定；本节未作规定的，适用本章第一节至第五节的规定。

第五十六条 特殊的普通合伙企业名称中应当标明"特殊普通合伙"字样。

第五十七条 一个合伙人或者数个合伙人在执业活动中因故意或者重大过失造成合伙企业债务的，应当承担无限责任或者无限连带责任，其他合伙人以其在合伙企业中的财产份额为限承担责任。

合伙人在执业活动中非因故意或者重大过失造成的合伙企业债务以及合伙企业的其他债务，由全体合伙人承担无限连带责任。

第五十八条 合伙人执业活动中因故意或者重大过失造成的合伙企业债务，以合伙企业财产对外承担责任后，该合伙人应当按照合伙协议的约定对给合伙企业造成的损失承担赔偿责任。

第五十九条 特殊的普通合伙企业应当建立执业风险基金、办理职业保险。

执业风险基金用于偿付合伙人执业活动造成的债务。执业风险基金应当单独立户管理。具体管理办法由国务院规定。

第三章 有限合伙企业

第六十条 有限合伙企业及其合伙人适用本章规定；本章未作规定的，适用本法第二章第一节至第五节关于普通合伙企业及其合伙人的规定。

第六十一条　有限合伙企业由二个以上五十个以下合伙人设立；但是，法律另有规定的除外。

有限合伙企业至少应当有一个普通合伙人。

第六十二条　有限合伙企业名称中应当标明"有限合伙"字样。

第六十三条　合伙协议除符合本法第十八条的规定外，还应当载明下列事项：

（一）普通合伙人和有限合伙人的姓名或者名称、住所；

（二）执行事务合伙人应具备的条件和选择程序；

（三）执行事务合伙人权限与违约处理办法；

（四）执行事务合伙人的除名条件和更换程序；

（五）有限合伙人入伙、退伙的条件、程序以及相关责任；

（六）有限合伙人和普通合伙人相互转变程序。

第六十四条　有限合伙人可以用货币、实物、知识产权、土地使用权或者其他财产权利作价出资。

有限合伙人不得以劳务出资。

第六十五条　有限合伙人应当按照合伙协议的约定按期足额缴纳出资；未按期足额缴纳的，应当承担补缴义务，并对其他合伙人承担违约责任。

第六十六条　有限合伙企业登记事项中应当载明有限合伙人的姓名或者名称及认缴的出资数额。

第六十七条 有限合伙企业由普通合伙人执行合伙事务。执行事务合伙人可以要求在合伙协议中确定执行事务的报酬及报酬提取方式。

第六十八条 有限合伙人不执行合伙事务，不得对外代表有限合伙企业。

有限合伙人的下列行为，不视为执行合伙事务：

（一）参与决定普通合伙人入伙、退伙；

（二）对企业的经营管理提出建议；

（三）参与选择承办有限合伙企业审计业务的会计师事务所；

（四）获取经审计的有限合伙企业财务会计报告；

（五）对涉及自身利益的情况，查阅有限合伙企业财务会计账簿等财务资料；

（六）在有限合伙企业中的利益受到侵害时，向有责任的合伙人主张权利或者提起诉讼；

（七）执行事务合伙人怠于行使权利时，督促其行使权利或者为了本企业的利益以自己的名义提起诉讼；

（八）依法为本企业提供担保。

第六十九条 有限合伙企业不得将全部利润分配给部分合伙人；但是，合伙协议另有约定的除外。

第七十条 有限合伙人可以同本有限合伙企业进行交易；但是，

合伙协议另有约定的除外。

第七十一条　有限合伙人可以自营或者同他人合作经营与本有限合伙企业相竞争的业务；但是，合伙协议另有约定的除外。

第七十二条　有限合伙人可以将其在有限合伙企业中的财产份额出质；但是，合伙协议另有约定的除外。

第七十三条　有限合伙人可以按照合伙协议的约定向合伙人以外的人转让其在有限合伙企业中的财产份额，但应当提前三十日通知其他合伙人。

第七十四条　有限合伙人的自有财产不足清偿其与合伙企业无关的债务的，该合伙人可以以其从有限合伙企业中分取的收益用于清偿；债权人也可以依法请求人民法院强制执行该合伙人在有限合伙企业中的财产份额用于清偿。

人民法院强制执行有限合伙人的财产份额时，应当通知全体合伙人。在同等条件下，其他合伙人有优先购买权。

第七十五条　有限合伙企业仅剩有限合伙人的，应当解散；有限合伙企业仅剩普通合伙人的，转为普通合伙企业。

第七十六条　第三人有理由相信有限合伙人为普通合伙人并与其交易的，该有限合伙人对该笔交易承担与普通合伙人同样的责任。

有限合伙人未经授权以有限合伙企业名义与他人进行交易，给有限合伙企业或者其他合伙人造成损失的，该有限合伙人应当承担赔偿责任。

第七十七条　新入伙的有限合伙人对入伙前有限合伙企业的债务，以其认缴的出资额为限承担责任。

第七十八条　有限合伙人有本法第四十八条第一款第一项、第三项至第五项所列情形之一的，当然退伙。

第七十九条　作为有限合伙人的自然人在有限合伙企业存续期间丧失民事行为能力的，其他合伙人不得因此要求其退伙。

第八十条　作为有限合伙人的自然人死亡、被依法宣告死亡或者作为有限合伙人的法人及其他组织终止时，其继承人或者权利承受人可以依法取得该有限合伙人在有限合伙企业中的资格。

第八十一条　有限合伙人退伙后，对基于其退伙前的原因发生的有限合伙企业债务，以其退伙时从有限合伙企业中取回的财产承担责任。

第八十二条　除合伙协议另有约定外，普通合伙人转变为有限合伙人，或者有限合伙人转变为普通合伙人，应当经全体合伙人一致同意。

第八十三条　有限合伙人转变为普通合伙人的，对其作为有限合伙人期间有限合伙企业发生的债务承担无限连带责任。

第八十四条　普通合伙人转变为有限合伙人的，对其作为普通合伙人期间合伙企业发生的债务承担无限连带责任。

第四章　合伙企业解散、清算

第八十五条　合伙企业有下列情形之一的，应当解散：

（一）合伙期限届满，合伙人决定不再经营；

（二）合伙协议约定的解散事由出现；

（三）全体合伙人决定解散；

（四）合伙人已不具备法定人数满三十天；

（五）合伙协议约定的合伙目的已经实现或者无法实现；

（六）依法被吊销营业执照、责令关闭或者被撤销；

（七）法律、行政法规规定的其他原因。

第八十六条　合伙企业解散，应当由清算人进行清算。

清算人由全体合伙人担任；经全体合伙人过半数同意，可以自合伙企业解散事由出现后十五日内指定一个或者数个合伙人，或者委托第三人，担任清算人。

自合伙企业解散事由出现之日起十五日内未确定清算人的，合伙人或者其他利害关系人可以申请人民法院指定清算人。

第八十七条　清算人在清算期间执行下列事务：

（一）清理合伙企业财产，分别编制资产负债表和财产清单；

（二）处理与清算有关的合伙企业未了结事务；

（三）清缴所欠税款；

（四）清理债权、债务；

（五）处理合伙企业清偿债务后的剩余财产；

（六）代表合伙企业参加诉讼或者仲裁活动。

第八十八条　清算人自被确定之日起十日内将合伙企业解散事项通知债权人，并于六十日内在报纸上公告。债权人应当自接到通知书之日起三十日内，未接到通知书的自公告之日起四十五日内，向清算人申报债权。

债权人申报债权，应当说明债权的有关事项，并提供证明材料。清算人应当对债权进行登记。

清算期间，合伙企业存续，但不得开展与清算无关的经营活动。

第八十九条　合伙企业财产在支付清算费用和职工工资、社会保险费用、法定补偿金以及缴纳所欠税款、清偿债务后的剩余财产，依照本法第三十三条第一款的规定进行分配。

第九十条　清算结束，清算人应当编制清算报告，经全体合伙人签名、盖章后，在十五日内向企业登记机关报送清算报告，申请办理合伙企业注销登记。

第九十一条　合伙企业注销后，原普通合伙人对合伙企业存续期间的债务仍应承担无限连带责任。

第九十二条　合伙企业不能清偿到期债务的，债权人可以依法向人民法院提出破产清算申请，也可以要求普通合伙人清偿。

合伙企业依法被宣告破产的，普通合伙人对合伙企业债务仍应承担无限连带责任。

第五章　法律责任

第九十三条　违反本法规定，提交虚假文件或者采取其他欺骗手段，取得合伙企业登记的，由企业登记机关责令改正，处以五千元以上五万元以下的罚款；情节严重的，撤销企业登记，并处以五万元以上二十万元以下的罚款。

第九十四条　违反本法规定，合伙企业未在其名称中标明"普通合伙"、"特殊普通合伙"或者"有限合伙"字样的，由企业登记机关责令限期改正，处以二千元以上一万元以下的罚款。

第九十五条　违反本法规定，未领取营业执照，而以合伙企业或者合伙企业分支机构名义从事合伙业务的，由企业登记机关责令停止，处以五千元以上五万元以下的罚款。

合伙企业登记事项发生变更时，未依照本法规定办理变更登记的，由企业登记机关责令限期登记；逾期不登记的，处以二千元以上二万元以下的罚款。

合伙企业登记事项发生变更，执行合伙事务的合伙人未按期申请办理变更登记的，应当赔偿由此给合伙企业、其他合伙人或者善意第三人造成的损失。

第九十六条　合伙人执行合伙事务，或者合伙企业从业人员利用职务上的便利，将应当归合伙企业的利益据为己有的，或者采取其他手段侵占合伙企业财产的，应当将该利益和财产退还合伙企业；给合伙企业或者其他合伙人造成损失的，依法承担赔偿责任。

第九十七条　合伙人对本法规定或者合伙协议约定必须经全体合伙人一致同意始得执行的事务擅自处理，给合伙企业或者其他合伙人造成损失的，依法承担赔偿责任。

第九十八条　不具有事务执行权的合伙人擅自执行合伙事务，给合伙企业或者其他合伙人造成损失的，依法承担赔偿责任。

第九十九条　合伙人违反本法规定或者合伙协议的约定，从事与本合伙企业相竞争的业务或者与本合伙企业进行交易的，该收益归合伙企业所有；给合伙企业或者其他合伙人造成损失的，依法承担赔偿责任。

第一百条　清算人未依照本法规定向企业登记机关报送清算报告，或者报送清算报告隐瞒重要事实，或者有重大遗漏的，由企业登记机关责令改正。由此产生的费用和损失，由清算人承担和赔偿。

第一百零一条　清算人执行清算事务，牟取非法收入或者侵占合伙企业财产的，应当将该收入和侵占的财产退还合伙企业；给合伙企业或者其他合伙人造成损失的，依法承担赔偿责任。

第一百零二条　清算人违反本法规定，隐匿、转移合伙企业财产，对资产负债表或者财产清单作虚假记载，或者在未清偿债务前分配财产，损害债权人利益的，依法承担赔偿责任。

第一百零三条　合伙人违反合伙协议的，应当依法承担违约责任。

合伙人履行合伙协议发生争议的，合伙人可以通过协商或者调解解决。不愿通过协商、调解解决或者协商、调解不成的，可以按照合伙协议约定的仲裁条款或者事后达成的书面仲裁协议，向仲裁机构申请仲裁。合伙协议中未订立仲裁条款，事后又没有达成书面仲裁协议的，可以向人民法院起诉。

第一百零四条　有关行政管理机关的工作人员违反本法规定，滥用职权、徇私舞弊、收受贿赂、侵害合伙企业合法权益的，依法给予行政处分。

第一百零五条　违反本法规定，构成犯罪的，依法追究刑事责任。

第一百零六条　违反本法规定，应当承担民事赔偿责任和缴纳罚款、罚金，其财产不足以同时支付的，先承担民事赔偿责任。

第六章　附则

第一百零七条　非企业专业服务机构依据有关法律采取合伙制的，其合伙人承担责任的形式可以适用本法关于特殊的普通合伙企业合伙人承担责任的规定。

第一百零八条　外国企业或者个人在中国境内设立合伙企业的管理办法由国务院规定。

第一百零九条　本法自 2007 年 6 月 1 日起施行。